“나는 법 없이도 살 사람?”

법이 없어도 죄 짓지 않고,
다른 사람에게 해를 끼치지 않는
선량한 사람을 가리켜
‘법 없이도 살 사람’이라고 합니다.
그런데 우리는 과연 법 없이 살 수 있을까요?

법이라고 하면,
복잡하고 일반인의 삶과는 무관한
어려운 것이라는 생각이 드시나요?

그러나 법은 우리의 직장, 가정, 육아, 교육 등
일상생활과 밀접한 연관이 있습니다.
우리 사회에서 법 없이도 살 수 있는 사람은
사실 아무도 없습니다.

"세상에 저런 법이 어디 있어?"

법이 나와 내 주변을 지켜주지 않을 때,
이해하기 어려운 판결이 내려질 때,
법은 우리의 상식에서 멀어진 것 같습니다.

억울한 일을 당하면
"세상에 이런 법이 어디 있어?" 하는 말이 저절로 나오지요?

뉴스를 보다가
법이 내 상식과는 다르다는 생각을 한 적은 없으셨나요?

"세상에 저런 법이 어디 있어?"라는 반응에 앞서,
도대체 왜 그런 법이 있는지를 이해해야 합니다.
우리의 힘은 여기에서 시작합니다.

"사람을 위한 법"

법을 준수해야 하는 것은 당연하지만,
법만 잘 지킨다고 해서
그 사회가 정의롭게 되는 것은 아닙니다.
사람이 법을 위해 존재하는 것이 아니라,
법이 사람을 위해 존재하는 것이기 때문입니다.

법은 한 사회의 가치관을 반영하는 것으로,
시대가 바뀌고 구성원들의 인식이 변화하면
법도 이에 따라 바뀌어야 합니다.

소외되는 사람이 없도록 사회 구석구석을 살펴야 하는 것도,
우리 사회의 올바른 방향을 제시하는 것도 법의 몫입니다.

따라서 현재의 법과 그에 따른 문제를 제대로 이해했다면,
이제 우리 사회를 위해 이 법을 바꿀 필요가 있는지,
어떻게 바꾸면 좋을지를 생각해봐야 합니다.

"더 나은 세상을 만드는 법"

법은 정의롭지 못한 자에게는 철퇴가 되고,
억울한 자에게는 무기가 되어야 합니다.
나와 가족, 우리 사회 구성원 모두를 위한 법이 필요합니다.

법의 눈으로 세상을 볼 수 있다면,
그런 힘을 기를 수 있다면,
우리는 그만큼 우리 자신을 지킬 수 있습니다.

나아가 불합리한 법을 고치고, 새롭게 필요한 법을 만드는 것은
우리의 삶을 직접적으로 바꾸는 가장 분명한 길입니다.

더 나은 세상을 만드는 법,
그 길을 향해 한 걸음씩 함께 나아가고자 합니다.

더 나은 세상을 만드는 법

김한규의 특별한 뉴스 브리핑

더 나은 세상을 만드는 법

김한규의 특별한 뉴스 브리핑

| 김한규 지음 |

한국경제신문*i*

PROLOGUE

법의 눈으로 세 상 을 본 다 면

우선, 이 책에 대해 이야기하기 전에 제 이야기를 먼저 해볼까 합니다. 제가 처음 사회적인 이슈에 눈뜨기 시작한 것은 고등학교 시절의 흥사단 아카데미 활동을 통해서였습니다. 선후배들과 사회적인 이슈에 관해 토론하고 사회과학 서적을 접하면서 머리와 가슴으로 새로운 배움을 얻게 됐고, 다양한 문제에 대한 이해와 생각을 가지고 있는 친구들을 보며 지적 열등감을 느끼기도 했습니다. 우리 사회를 더 나은 사회로 변화시키는 일이 무엇보다 중요하다는 믿음은 자연스럽게 정치학과 진학으로 이어졌습니다.

대학시절 제 꿈은 정치부 기자가 되는 것이었습니다. 우리 사회의 가장 중요한 의사결정을 하는 정치를 가장 가까운 곳에서 목도하면서, 시민들에게 이를 잘 전달하고, 권력에 대한 비판과 견제의 역할을 충실히 하는 것으로 사회의 발전에 기여하고 싶었습니다. 신문 기사나 텔레비전 뉴스를 볼 때마다 저라면 이 기사를 어떻게 쓸까, 또는 이 사건은 어떻게 잘못됐나를 생각하기도 했습니다. 그런데 그런 제게 결정적인 하자가 하나 있었으니, 그것은 바로 체질상 술을 잘 못 마신다는 것이었습니다. 지금이야 사회 분위기가 바뀌어 술을 잘 못 마시는 것이 무슨 하자인가 할 수도 있겠습니다만, 당시에는 술도 잘 못하면서 무슨 정치부 기자를 하려고 하느냐는 이야기를 많이 들었습니다. 고급 정보들은 술자리 마지막에 들을 수 있다는 것이었지요. 이후 법공부에 재미를 붙이고 법조인이 되면서, 정치부 기자가 되고자 했던 저의 꿈은 영영 잊히는 듯했습니다.

군법무관 생활을 마치고 로펌 변호사가 되어 18년 동안을 법조인으로 살았습니다. 되돌아보면 제 인생에서 가장 바빴던 나날은 대학 입시나 사법시험을 준비할 때가 아닌, 변호사가 된 이후였습니다. 주말도 없이 하루 서너 시간밖에 자지 못하는 날도 많았지만, 기업들이 준법경영을 통해 법을 준수하는 문화를 만드는 일, 효율적이고 혁신적인 산업을 진흥하는 일에 하나의 경제 주체로서 기여한다는 뿌듯함이 있었습니다. 이제 우리 사회를 변화시키는 것은 더 이상 정치의 몫이 아닐 수도 있겠다는 생각이 들기도 했습니다. 그렇게 정신없이 달리던 어느 날, 사람들의 삶을 보다 직접적으로 변화시킬 수 있는 일을 하고 싶다는 생각이 들었습니다. 사랑하는 가족들과 나의 아이들을 위해 나와 함께 이 시대를 살아가고 있는 사람들, 광장에 모여 목소리를 내는 사람들을 위해 일하고 싶다는 생각이었습니다. 법조인으로서 저의 경험과 지식이 보탬이 될 수 있겠다는 믿음도 있었습니다.

인생은 참 재미있습니다. 그 무렵 제게 MBC 뉴스 프로그램인 〈뉴스 외전〉에 출연해 브리핑을 할 기회가 생겼습니다. 그날그날의 뉴스 몇 꼭지를 전달하면서 그 의미에 대해 앵커와 함께 이야기하는 〈이슈 완전정복〉이라는 코너였습니다. 정치부 기자보다는 사회부 기자에 가까운 역할이지만, 잊고 있던 어린 시절의 꿈을 이룬 셈입니다. 사람들이 잘 이해할 수 있도록 사건을 정리하고, 그냥 지나치기 쉬운 관련된 법률 쟁점을 전달하려고 했습니다. 하루에 서너 가지 사안을 다루면서, 우리가 일상 속에서 만날 수 있는 법의 여러 면들을 살펴볼 수 있었습니다. 길지 않은 시간이었지만, 저의 경험과 지식을 전달하기 위해 애쓰고, 또 사회의 여러 면을 뉴스를 통해 공부한 소중한 시간들이었습니다.

이 책은 제가 출연했던 MBC 〈뉴스 외전〉의 내용을 토대로 했습니다. 이 프로그램에서 다뤘던 뉴스를 소재로 관련된 법적인 이슈들을 보다 풍부하게 설명하고자 했습니다. 일반인들도 누구나 쉽게 법의 원리를 이해하고, 자신이 법적 문제에 관여됐을 때 우선 참조할 수 있는 다양한 법 지식을 담았습니다. 그동안 다룬 사건에는 자동차사고, 명예훼손, 부당해고, 순직, 노조설립과 파업, 피의사실공표, 아동학대, 불법 촬영, 모욕 등 우리 민생과 깊게 관련되어 있는 것들이 많습니다. 법은 때로 멀리 있는 것처럼 보이지만, 사실 국민 누구나 생활 속에서 겪게 되는 일상의 한 부분이기도 합니다. 물론 뉴스는 그때그때 변하고, 이 책이 나올 때 즈음이면 벌써 사실관계가 달라진 사안도 있을 것입니다. 책에서는 뉴스 그 자체보다, 뉴스를 볼 때 법이라는 시각에서도 한번 보면 더 많은 것이 보인다는 점을 이야기하고 싶었습니다.

법은 그 자체로 사람에게 장애물이 되기도 하고, 무기가 되기도 합니다. 법이 사람을 위협하는 것처럼 보일 때도 있지만, 법은 사람을 위한 것이어야 합니다. 이 책에서는 뉴스와 관련된 법률 지식을 소개해 우리 사회가 현재 사회적 문제에 대해 어떠한 법적 해결 수단이나 처벌 기준을 가지고 있는지를 설명하고 있습니다. 또 이에 그치지 않고 우리 사회를 긍정적인 방향으로 변화시키기 위해 이러한 법률이 어떻게 개선되어야 하는지를 함께 고민하고자 했습니다. 법이 마냥 어려운 것이 아니고 우리 삶에 가까이 있는 것이라는 점에서, 우리 모두는 법을 이해하고 법의 눈으로 세상을 보는 연습을 할 필요가 있습니다. 이런 연습을 통해 우리 사회를 바라보는 자신만의 합리적인 관점을 갖출 수 있기를, 그래서 법이 우리들의 무기가 될 수 있기를 바라는 마음으로, 이 책을 세상에 내어 놓습니다.

김한규

PART 1. 약자를 보호하는 법

PART 2. 자유와 명예를 지켜주는 법

PART 3. 일하는 사람들을 위한 법

PART 4. 성범죄 없는 세상을 위한 법

PART 5. 사건 사고 현장에서의 법

PART 6. 알아두면 도움되는 수사부터 재심까지

PART 1. 약자를

보호하는 법

이렇게 복잡한 금융상품을

치매 노인에게도 팔았다고?

은행과 같은 금융기관에서 금융상품을 구입하는 경우,
그 상품 구조나 위험성에 대해 충분히 설명을 들으시나요?
과거 수익률 자료나 최근 유행하는 상품을
직원이 권유하는 대로 구매하는 경우도 많은 것 같습니다.
직원이 시키는 대로 여러 번의 서명을 하고 나면
금융상품을 구매하게 되는 것이지요.
그런데 금융기관이나 해당 직원이 실적에 급급해
손실의 위험성이 큰 파생상품을 팔면서 제대로 설명도 하지 않았다면
'불완전 판매'가 되고, 은행도 배상책임을 질 수 있습니다.
날로 복잡해져가는 금융상품으로부터
금융소비자를 보호하기 위한 방안은 무엇일까요?

불완전판매 손실률 60%, 은행만 믿은 노령층

해외금리 연계형 파생결합펀드 DLF의 대규모 원금 손실이 확정되면서 손해를 입은 투자자들이 배상을 요구하고 있습니다. 지난해 만기가 시작된 우리은행 DLF의 손실률이 60%가 넘은 가운데 하나은행의 DLF 만기도 돌아왔습니다. 국내 금융사의 주요 해외금리 연계 DLF 판매 잔액은 총 8,224억 원이고, 90%가 개인 투자자입니다. 특히 원금 전액 손실이 예상되는 DLF 중 절반가량이 65세 이상 고령층에 판매됐습니다.

금융감독원은 금융분쟁조정위원회를 열어 대규모 원금 손실 사태를 일으킨 DLF와 관련해 원금 손실액의 최대 80%를 배상할 것을 권고했습니다. 은행은 DLF를 판매하면서 투자 경험이 없고 난청인 79세 치매 노인에게도 초고위험상품을 불완전판매했고, 투자 경험이 없는 60대 주부에게 손실 확률이 0%라고 강조했던 것으로 드러났습니다. 피해자들은 금융감독원의 조정 결과를 받아들일 수 없다며 검찰 수사와 금융분쟁조정위원회의 재개최를 요구하기도 했습니다.

금융상품 불완전판매와 소비자 보호

금융투자상품은 크게 증권과 파생상품으로 구분됩니다. 파생상품의 정의는 상당히 복잡합니다. 기본적으로는 주식, 금, 농산물, 이자율 등 기초자산의 가격 변동에 따라 장래의 가격이 결정되는 금융투자상품을 의미합니다. 예를 들면, 주가지수를 기초자산으로 해서 주가지수가 3,000을 돌파하면 투자자가 투자 금액의 200%를 받고, 주가지수가 2,000 미만이 되면 투자자는 투자 금액을 전혀 돌려받지 못하는 약정이 이에 해당합니다.

파생상품은 선물, 옵션, 스왑 상품부터 주가연계증권(ELS), 주가연계펀드(ELF), 주가연계예금(ELD), 주가연계채권(ELN), 파생결합증권(DLS), 파생결합펀드(DLF) 등의 다양한 상품이 존재하고, 파생결합증권(DLS)의 경우에도 금, 환율, 금리 등 기초자산에 따라 다시 세분화될 수 있습니다.

또한, 같은 금리를 기초로 한 파생결합증권(DLS)이라고 해도 구체적으로 어떠한 계산방법에 의해 가격이 정해지는 구조인지에 따라 수많은 상품이 존재합니다. 따라서 파생상품은 각자가 다른 상품이라고 전제하고 상세한 상품 구조를 이해한 후 투자를 결정해야 합니다. 이번 우리은행과 하나은행의 경우 두 은행이 판매한 금융상품이 서로 다르고, 같은 은행이 판매한 상품도 판매 시점에 따라 상품 구조가 다르기 때문에 개별적으로 살펴봐야 하지만, 기본적으로는 다른 나라의 국채금리에 연동해 수익 내지 손실 비율이 정해지는 파생상품입니다.

그중 하나의 상품을 예로 들어보겠습니다. 만기는 6개월이며, 만기 시에 연 4%의 이자를 확정적으로 지급합니다. 그 대신 독일국채 10년물의 금리가 −0.2% 이상이면 원금의 손실이 없지만(즉 연 4% 이자 이익), −0.2% 미만이 되면, 0.01% 하락할 때마다 2%씩 원금의 손실을 보는 구조입니다. 따라서 독일국채금리가 −0.45%가 되면 원금 50%의 손실을 보고(원금 50% 손실이나 원금의 연 4% 이자수익), 독일국채금리가 −0.7% 이하가 되면 원금 100%의 손실을 보게 됩니다(연 4%의 이자 수익만 수령). 2000년 이후 독일국채금리의 최저 금리는 −0.186%로서 원금 손실 구간으로 내려간 적이 전혀 없습니다. 또 전문가들도 대부분 금리가 인상할 것으로 전망했기 때문에 투자자들은 원금 손실 가능성이 없을 것으로 전망하고 투자했을 가능성이 높습니다.

불완전판매로 인한 손해 인정의 요건

파생상품은 상품 구조가 복잡하거나 기초자산의 변동을 예측하기 어려운 경우가 많습니다. 그러나 이러한 복잡성과 예측의 어려움은 파생상품의 본질적인 특성이기 때문에 투자자가 일반적으로 이해하기 어렵다거나 상품 구조상 손실 가능성이 높다는 이유만으로 은행이나 증권사의 책임이 인정되지는 않습니다.

다만, 은행이나 증권사는 상품의 내용, 투자에 따른 위험 등을 투자자가 이해할 수 있도록 설명해야 하고, 중요사항을 거짓 또는 왜곡해 설명하거나 중요사항을 누락해서는 안 됩니다. 이러한 의무를 제대로 이행하지 않는 경우, 즉 불완전판매의 경우에는 그로 인해 발생한 투자자의 손해를 배상할 책임이 있습니다.

자본시장과 금융투자업에 관한 법률(약칭 : 자본시장법)

제47조(설명의무) ① 금융투자업자는 일반투자자를 상대로 투자권유를 하는 경우에는 금융투자상품의 내용, 투자에 따르는 위험, 그 밖에 대통령령으로 정하는 사항을 일반투자자가 이해할 수 있도록 설명하여야 한다.
③ 금융투자업자는 제1항에 따른 설명을 함에 있어서 투자자의 합리적인 투자판단 또는 해당 금융투자상품의 가치에 중대한 영향을 미칠 수 있는 사항(이하 "중요사항"이라 한다)을 거짓 또는 왜곡(불확실한 사항에 대하여 단정적 판단을 제공하거나 확실하다고 오인하게 할 소지가 있는 내용을 알리는 행위를 말한다)하여 설명하거나 중요사항을 누락하여서는 아니 된다.

제48조(손해배상책임) ① 금융투자업자는 제47조제1항 또는 제3항을 위반한 경우 이로 인하여 발생한 일반투자자의 손해를 배상할 책임이 있다.

일반적으로 증권소송은 집단소송이 허용된다고 이해하고 있지만, 예외적인 경우만 집단소송이 가능하고, 불완전판매로 인한 소송은 이에 해당하지 않습니다. 기본적으로 모든 투자자에게 공통되는 사유로 인한 소송의 경우 집단소송이 허용됩니다. 예를 들어 증권신고서, 투자 설명서, 사업보고서 등 공시서류의 허위 기재, 미공개 중요정보 이용이나 시세조정, 부정거래행위, 회계감사인의 허위 기재가 그런 경우에 해당됩니다.

불완전판매는 투자자별로 투자 권유 과정에서 어떻게 설명했는지 여부에 따라 인정 여부가 달라지기 때문에 모든 투자자에게 공통되는 사유라고 볼 수 없고, 투자자가 개별적으로 소송을 진행해야 하며, 승소를 한 투자자만 배상을 받을 수 있습니다.

증권 관련 집단소송법

제2조(정의)

1. "증권 관련 집단소송"이란 증권의 매매 또는 그 밖의 거래과정에서 다수인에게 피해가 발생한 경우 그중의 1인 또는 수인(數人)이 대표당사자가 되어 수행하는 손해배상청구소송을 말한다.

제3조(적용 범위) ① 증권 관련 집단소송의 소(訴)는 다음 각 호의 손해배상청구에 한정하여 제기할 수 있다.

1. 「자본시장과 금융투자업에 관한 법률」 제125조에 따른 손해배상청구
2. 「자본시장과 금융투자업에 관한 법률」 제162조(제161조에 따른 주요사항보고서의 경우는 제외한다)에 따른 손해배상청구
3. 「자본시장과 금융투자업에 관한 법률」 제175조, 제177조 또는 제179조에 따른 손해배상청구
4. 「자본시장과 금융투자업에 관한 법률」 제170조에 따른 손해배상청구

더 나은 법을 위한 생각 나누기

일반인들이 이해하기 어려운 금융상품이 많습니다. 설명을 들었다는 서명이나 녹취만으로 충분한 설명이 될 리가 없습니다. 그렇다고 일반인들이 이해하기 어려우니 복잡한 금융상품은 아예 팔지 말라고 하는 것은 지나치게 행정 편의적인 생각에 불과하고, 반드시 소비자를 위한 해결 방안도 아닙니다.

고객들이 복잡한 파생상품을 속속들이 정확하게 이해하기 어렵다고 하더라도, 거래의 구조와 리스크를 평가할 수 있도록 거래상 주요 정보에 관해 충분히 설명을 하는 일은 반드시 필요하고, 또 가능할 수 있습니다. 금융소비자들이 이해할 수 있도록 적절하게 설명할 수 있는 방법과 그 기준은 무엇일까요?

말 못하는 신생아를 학대한 간호사

병원의 신생아실은 태아가 처음으로 세상을 만나는 공간입니다.

그만큼 신생아실은 아이에게는 소중한 공간이고,

또 아이는 잘 보호받아야 할 필요가 있습니다.

하지만 세상과 처음 만나는 공간에서부터

아동학대가 일어난다면 어떨까요?

아이 부모의 가슴이 찢어지는 것은 물론이고,

어쩌면 아이도 무의식 속에

그 학대의 기억을 간직하고 있을지도 모릅니다.

이런 사건에 전 국민이 공분하는 이유는 약자 중에서도 제일 약자인

갓 태어난 신생아를 대상으로 저질러진 일이기 때문입니다.

무호흡 증세 시작되기 2시간 전 사라진 CCTV 촬영분

부산의 한 산부인과에서 신생아가 무호흡 증세를 보여 대학병원으로 긴급 이송되고, 두개골 골절과 이로 인한 뇌출혈, 뇌세포 손상으로 치료한 사건이 있었습니다. 공개된 산부인과 CCTV 영상에 의하면, 신생아실에 혼자 근무하는 간호사가 신생아를 침대에 던지고 한 손으로 옮기는 등 거칠게 다루는 장면이 나옵니다.

신생아가 무호흡 증세를 보이기 시작한 시점 전후 2시간가량의 CCTV 영상이 사라진 상태이기 때문에 구체적인 사고 상황은 확인되지 않았습니다. 이에 경찰은 간호사를 아동학대 혐의로, 병원장을 의료법 위반 혐의로 입건한 후 수사를 계속하고 있습니다.

아동학대 – 아동의 정상적 발달을 저해하는 모든 행위

아동학대는 아동의 건강 또는 복지를 해치거나 정상적 발달을 저해할 수 있는 신체적·정신적·성적 폭력이나 가혹행위를 포함합니다. 따라서 폭행에 해당하는 수준의 물리적 유형력의 행사가 아니더라도 아동학대에 해당할 수 있습니다.

형법에 '아동학대죄'가 별도로 있는 것은 아니고, 아동에 대한 폭행, 협박, 유기, 상해 등을 모두 아동학대범죄라고 부릅니다. 일반적인 학대죄는 피해자가 아동인지 여부와 상관없이 모두 성립하며, 만약 피해자가 아동인 경우에는 아동학대처벌법에 따라 가중처벌되고 피해자를 보호하기 위한 다양한 조치가 적용됩니다.

아동복지법

제3조(정의) 이 법에서 사용하는 용어의 뜻은 다음과 같다.
7. "아동학대"란 보호자를 포함한 성인이 아동의 건강 또는 복지를 해치거나 정상적 발달을 저해할 수 있는 신체적 · 정신적 · 성적 폭력이나 가혹행위를 하는 것과 아동의 보호자가 아동을 유기하거나 방임하는 것을 말한다.

아동학대범죄의 처벌 등에 관한 특례법(약칭 : 아동학대처벌법)

제2조(정의) 이 법에서 사용하는 용어의 뜻은 다음과 같다.
3. "아동학대"란 「아동복지법」 제3조제7호에 따른 아동학대를 말한다.
4. "아동학대범죄"란 보호자에 의한 아동학대로서 다음 각 목의 어느 하나에 해당하는 죄를 말한다. (생략)

형법

제273조(학대, 존속학대) ① 자기의 보호 또는 감독을 받는 사람을 학대한 자는 2년 이하의 징역 또는 500만 원 이하의 벌금에 처한다.

제275조(유기 등 치사상) ① 제271조 내지 제273조의 죄를 범하여 사람을 상해에 이르게 한 때에는 7년 이하의 징역에 처한다. 사망에 이르게 한 때에는 3년 이상의 유기징역에 처한다.

아동학대로 인해 아동이 사망한 경우에는 아동학대치사죄가 적용되어 무기 또는 5년 이상의 징역으로 중하게 처벌을 받게 되고, 아동의 생명에 대한 위험을 발생하게 하거나 불구 또는 난치의 질병에 이르게 한 때에는 아동학대중상해죄에 해당해 3년 이상의 징역으로 처벌됩니다.

아동학대범죄의 처벌 등에 관한 특례법(약칭 : 아동학대처벌법)

제4조(아동학대치사) 제2조제4호가목부터 다목까지의 아동학대범죄를 범한 사람이 아동을 사망에 이르게 한 때에는 무기 또는 5년 이상의 징역에 처한다.

제5조(아동학대중상해) 제2조제4호가목부터 다목까지의 아동학대범죄를 범한 사람이 아동의 생명에 대한 위험을 발생하게 하거나 불구 또는 난치의 질병에 이르게 한 때에는 3년 이상의 징역에 처한다.

그런데 아동학대의 결과 아동이 사망 또는 상해에 이르렀다는 인과관계가 인정되어야만 아동학대치사 등으로 처벌할 수 있고, 이러한 사실은 수사기관이 입증해야 합니다. 이 사건의 경우 CCTV 영상이 사라진 점을 고려할 때, 영상에 담긴 수준보다 심한 학대 또는 그와 다른 어떠한 행위를 예상할 수 있습니다.

예를 들어 누군가의 실수로 신생아가 침대에서 떨어졌을 가능성도 있습니다. 이를 반대로 해석하면, 영상에 담긴 학대로 두개골 골절의 사고가 발생한 것은 아니라고 볼 여지가 있습니다. 따라서 수사기관은 아동학대로 우선 입건하고, 학대와 상해와의 인과관계를 추가적으로 수사하려는 것으로 보입니다.

아동학대는 부모와 같은 보호자만 범죄를 저지를 수 있는 것은 아니고, 모든 사람의 행위가 문제될 수 있습니다. 다만, 유치원과 학교의 교직원, 학원 강사, 아동복지시설 종사자, 의료기관에 종사하는 의료인 등이 아동학대를 할 경우에는 형의 2분의 1을 가중하는 방법으로 보다 엄하게 처벌합니다. 따라서 산부인과의 간호사가 신생아를 거칠게 다루는 등의 방법으로 아동학대를 했다면 가중처벌을 받게 됩니다.

아동학대범죄의 처벌 등에 관한 특례법(약칭 : 아동학대처벌법)

제7조(아동복지시설의 종사자 등에 대한 가중처벌) 제10조제2항 각 호에 따른 아동학대 신고의무자가 보호하는 아동에 대하여 아동학대범죄를 범한 때에는 그 죄에 정한 형의 2분의 1까지 가중한다.

더 나은 법을 위한 생각 나누기

최근 보도를 보면 산후도우미나 산부인과 간호사 등이 아주 어린 영유아를 학대하는 경우도 있고, 어린이집에서 유아를 학대하는 일도 종종 발생하는 것 같습니다. 아이들을 돌보고 건강하게 성장할 수 있도록 지원해야 하는 어른들이 의사 표현도 제대로 하지 못하는 아이들을 학대하는 일은 있을 수 없습니다.

아동학대는 일반형법으로도 처벌할 수 있지만, 특례법을 별도로 두어 무겁게 다스리고자 하는 것이 우리 입법자들의 태도입니다. 이러한 일은 처벌보다는 예방이 매우 중요합니다. 영유아를 다루는 직업군에 대해서는 별도의 검증 절차를 두고, 지속적인 교육을 의무화하는 방안 등을 고려해봐야 하겠습니다.

'당신의 소년'에게 투표하라더니?

대한민국 아이돌 그룹은 전 세계적으로 인기를 끌고 있으며,
우리나라를 알리는 첨병의 역할을 하고 있습니다.
최근 국민들이 직접 글로벌 아이돌 그룹을 선발한다는 취지의
프로그램이 큰 인기를 끌기도 했지요.
그런데 이러한 아이돌 오디션 프로그램과 관련해
매우 충격적인 사건이 발생했습니다.
바로 오디션 프로그램 시리즈를 제작한 제작진이
그 결과를 조작한 것으로 조사된 것입니다.
특히 이번 사건은 국민 프로듀서라고 칭했던
수많은 시청자들을 기만했다는 점에서,
그리고 죽기 살기로 노력하는 연습생들의 피땀을 배신했다는 점에서
분노와 상처를 남기고 말았습니다.

오디션 프로그램 조작 사건

CJ ENM의 오디션 프로그램 〈프로듀스×101〉 투표 조작 의혹을 부인하던 담당 PD는 구속된 후 조작 사실을 시인했습니다. 특정 연습생의 득표수를 조작하거나 최종 데뷔 조를 아예 정해두기도 했다는 혐의를 받고 있습니다. 또한 담당 PD는 연예기획사들로부터 무려 40여 차례나 접대를 받았다고 합니다. 기획사 관계자들이 연습생들이 방송 분량이나 편집에서 혜택을 받을 수 있도록 향응을 제공했다는 것입니다.

이 생방송 투표 조작 의혹은 〈프로듀스×101〉 생방송 경연, 시청자 유료 투표 결과 데뷔가 유력할 것으로 예상한 연습생들이 탈락하고, 의외의 인물들이 데뷔 조에 포함되면서 불거졌습니다. 특히 1위부터 20위까지의 득표수가 모두 특정 숫자의 배수라는 규칙을 갖고 있다는 점이 밝혀지면서 의혹이 커졌습니다.

국민 프로듀서들과 연습생들을 우롱한 죄 업무방해와 배임수재

투표 결과를 조작한 행위

업무방해죄란 허위사실을 유포하거나 위계 또는 위력으로써 사람의 업무를 방해하는 범죄입니다. 이번 사건은 위계, 즉 제작진이 시청자와 출연진 등을 속여서 득표수를 조작하고 선발 순위를 바꾸어 방송사의 프로그램을 방해했다는 점에서 업무방해죄에 해당합니다.

형법

제314조(업무방해) ① 제313조의 방법(허위의 사실을 유포하거나 기타 위계) 또는 위력으로써 사람의 업무를 방해한 자는 5년 이하의 징역 또는 1천500만 원 이하의 벌금에 처한다.
② 컴퓨터 등 정보처리장치 또는 전자기록 등 특수매체기록을 손괴하거나 정보처리장치에 허위의 정보 또는 부정한 명령을 입력하거나 기타 방법으로 정보처리에 장애를 발생하게 하여 사람의 업무를 방해한 자도 제1항의 형과 같다.

업무방해죄는 채용 비리, 포털 사이트 댓글 조작 사건에도 적용된 적이 있는 죄목으로, 피해자는 회사, 이번 사건의 경우는 방송사입니다. 회사를 대표할 수 있는 대표이사를 포함한 고위 임원이 채용 비리나 방송 조작에 관여했어도 정당한 회사의 업무처리 방식을 따르지 않았으니 회사의 업무를 방해한 것으로 봅니다. 아무리 대표이사나 대주주라고 할지라도 회사와 구분되는 구성원에 불과하기 때문에 별도의 법인격을 가지고 있는 회사가 피해를 본 것이지요.

문자득표수를 조작한 행위는 유료 문자투표에 참여한 시청자들에 대한 사기에도 해당될 수 있습니다. 사기는 타인을 속여서 본인 또는 제3자로 하여금 재산상의 이익을 얻게 한 경우에 성립합니다. 문자투표 결과로 데뷔할 연습생이 선정될 것처럼 속여서 시청자가 유료로 문자투표를 하게 하고, 그 결과 방송사가 수입을 얻었기 때문입니다. 사기로 인한 이득액이 5억 원 이상이면 특정경제범죄 가중처벌 등에 관한 법률에 따라 처벌이 가중됩니다.

LAW

형법

제347조(사기) ① 사람을 기망하여 재물의 교부를 받거나 재산상의 이익을 취득한 자는 10년 이하의 징역 또는 2천만 원 이하의 벌금에 처한다.
② 전항의 방법으로 제삼자로 하여금 재물의 교부를 받게 하거나 재산상의 이익을 취득하게 한 때에도 전항의 형과 같다.

술 접대 등 향응을 제공받은 행위

업무와 관련해 부정한 청탁을 받고 그 대가로 금품을 받으면 배임수재에 해당하게 되고, 금품을 제공한 사람은 배임증재에 해당합니다. 공무원의 경우는 뇌물죄가 성립하고, 이와 유사하게 일반인의 경우는 배임수재가 문제됩니다.

형법

제357조(배임수증재) ① 타인의 사무를 처리하는 자가 그 임무에 관하여 부정한 청탁을 받고 재물 또는 재산상의 이익을 취득하거나 제3자로 하여금 이를 취득하게 한 때에는 5년 이하의 징역 또는 1천만 원 이하의 벌금에 처한다.

② 제1항의 재물 또는 이익을 공여한 자는 2년 이하의 징역 또는 500만 원 이하의 벌금에 처한다.

PD가 방송사로부터 프로그램을 만들도록 위임을 받은 후, 허위로 문자투표를 조작하는 등의 방법으로 정상적으로는 데뷔할 수 없는 연습생을 데뷔할 수 있게 해 달라는 부정한 청탁을 받고 그에 대한 대가로 돈을 받거나 향응을 접대받은 경우에는 배임수재에 해당합니다. 일반 회사원들이 거래처로부터 자신이 담당한 회사의 업무와 관련해 부정한 청탁을 받고 금품, 선물이나 접대를 받은 경우에도 문제되는 것이 배임수재입니다. 최근에는 회사가 자체적으로 내부 감사를 하고 그 결과 이러한 비위가 드러나는 경우, 수사기관에 제보해서 형사처벌까지 받도록 하는 경우가 늘고 있습니다.

더 나은 법을 위한 생각 나누기

담당 PD가 처벌을 받는 것과 별개로, 이미 오디션 프로그램을 통해서 데뷔한 그룹의 경우 순위 조작으로 멤버가 된 연습생을 탈퇴시키고 억울하게 떨어진 연습생을 다시 포함시켜서 데뷔하게 해줘야 하는지, 아니면 해당 그룹 자체를 해체해야 하는지에 관해 팬들 사이에서 의견이 분분합니다. 이 과정에서 해당 오디션 프로그램을 통해 데뷔한 아이돌 가수가 괴로운 심경을 토로하기도 했습니다. 따라서 최소한 정상적으로 데뷔조에 포함되어 활동 중인 멤버들이 피해를 보지 않아야 하고, 채용비리와 동일하게 억울하게 데뷔하지 못한 연습생도 본인의 선택에 따라 그룹에 참여할 수 있는 기회를 주는 것이 좋겠다는 생각이 듭니다. 하지만 이미 수많은 사람에게 상처를 준 터라 해결이 쉽지 않을 것 같습니다.

그리고 뇌물죄와 배임수재의 경우 모두 금품을 받은 사람을 제공한 사람보다 더 중하게 처벌합니다. 과거에는 공무원이나 거래처의 갑질 때문에 어쩔 수 없이 금품을 제공한 경우가 많았지만, 최근에는 먼저 금품을 제공하려고 접근하는 경우도 많은 듯합니다. 이러한 경우에도 준 사람을 약하게 처벌하는 것이 타당한지는 의문입니다. 보다 투명한 사회를 위해서는 준 사람이나 받은 사람이나 동일하게 처벌하는 것을 원칙으로 하면서, 구체적인 사정에 따라 더 죄질이 나쁜 사람을 더 중하게 처벌하는 것이 현실에도 맞고 보다 바람직할 것입니다.

잔인한 청소년들, 형사미성년자라 괜찮아?

잔혹한 청소년범죄가 계속되면서 소년법을 개정하거나
아예 폐지해야 한다는 의견이 잇따르고 있습니다.
법무부가 2019년 12월 내놓은 '제1차 소년비행예방 기본계획'에서도
형사미성년자 연령을 현행 만 14세에서 13세로
하향 조정하는 내용이 담겨 있습니다.
청소년이 저지르는 강력범죄의 연령이 낮아지고,
그 수법도 성인 범죄에 못지않게 흉포하다는 지적은
이 사회를 살아가는 어른에게 무거운 책임감으로 다가옵니다.
범죄를 저지른 청소년들은 어떤 기준에서 처벌할 수 있는지,
형사미성년자를 민사상 미성년자와는 별도로 정한
취지는 무엇인지 살펴봅시다.

노래방에서 벌어진 충격적인 폭행 사건

수원의 한 노래방에서 중학교 1학년 여학생 7명이 초등학교 6학년 여학생을 집단 폭행한 사건이 벌어졌습니다. 피해 학생이 말을 기분 나쁘게 한다는 이유였습니다. 폭행 당시 가해 학생들이 촬영한 영상에 의하면 피해 학생은 구타당하며 울기만 할 뿐 저항을 하지 못했고, 피해 학생의 코와 입 주변에는 피가 흥건히 흘렀지만 폭행은 계속됐습니다.

가해 학생 7명이 모두 붙잡혀 소년분류심사원에 넘겨졌고, 가해 학생을 엄중 처벌해 달라는 청와대 청원은 하루 만에 20만 명을 넘어서기도 했습니다.

형사미성년자의 기준과 처벌 여부

현행 소년법에 의하면 만 14세 미만의 형사미성년자는 형사처벌을 하지 않는 대신, 보호처분을 하도록 되어 있습니다. 보호처분은 다양한 종류가 있습니다. 소년원 송치와 같은 경우에는 처벌의 성격도 갖고 있기 때문에 형사미성년자가 항상 아무런 처벌을 받지 않는 것은 아닙니다.

형벌 법령에 저촉되는 행위, 즉 범죄에 해당하는 행위를 한 만 10세 이상 14세 미만의 형사미성년자는 '촉법소년'이라고 합니다. 이들에게는 보호관찰, 소년원 송치 등의 보호처분으로 형사처벌을 대신하고, 만 10세 미만의 형사미성년자는 보호처분의 대상에서도 제외됩니다. 신체적·정신적으로 미성숙한 소년들은 처벌보다 보호와 교육이 필요하다는 정책적인 고려가 깔려 있기 때문입니다.

보호처분은 구체적으로 감호 위탁, 수강명령, 사회봉사명령, 보호관찰, 의료시설 위탁, 소년원 송치로 구분됩니다. 보호처분은 그 소년의 장래 신상에 어떠한 영향도 미치지 않도록 되어 있습니다. 이와 같이 이른바 전과가 남지 않고, 소년원 송치를 제외하고는 형사처벌과 성격이 달라서 행위에 상응하는 처벌이 제대로 이뤄지지 않는다는 비판이 제기되고 있습니다. 또한, 형사미성년자인 어린 학생들이 스스로 형사처벌을 받지 않는다는 사실을 알고 악용할 위험성도 있습니다.

LAW

형법

제9조(형사미성년자) 14세 되지 아니한 자의 행위는 벌하지 아니한다.

형사미성년자의 나이를 낮추면

잔혹한 청소년범죄가 잇따라 발생하면서 형사미성년자의 나이를 낮춰야 한다는 주장이 제기되고 있고, 관련 법안도 발의되어 있습니다. 형사미성년자의 나이를 만 13세, 12세로 낮추자는 것입니다. 그렇다고 하더라도 형사미성년자가 아닌 소년들에 대해 반드시 처벌해야 한다는 것은 아닙니다. 즉, 검찰은 형사미성년자가 아닌 소년(예를 들어 16세)이 한 행위가 형사처벌 대신 보호처분에 해당하는 사유가 있다고 인정하면 소년부에 송치해야 합니다.

또한, 법원 소년부는 소년이 금고 이상의 형에 해당하는 범죄를 저지른 사실이 발견된 경우에 보호처분을 할지, 형사처분을 하기 위해 검찰로 이송할지 여부를 결정할 수 있습니다. 만약, 형사미성년자의 나이를 1~2살 낮춰 14세, 13세 소년이 형사처벌을 받더라도 검찰과 소년부는 보호처분과 형사처분을 선택할 수 있습니다.

만 14세 이상 미성년자에 대한 특례

만 19세 미만은 민법상 미성년자이고, 소년법은 형사미성년자가 아닌 소년, 즉 만 14세 이상 만 19세 미만에게도 모두 적용되기 때문에 형사처벌 대신 보호처분을 할 수 있습니다. 그리고 죄를 범할 당시 18세 미만인 소년에 대해 사형 또는 무기형으로 처할 경우에는 15년의 유기징역으로 완화합니다. 2년 이상의 장기 징역에 해당하는 범죄를 범한 경우에는 장기 10년, 단기 5년 이내에서 장기와 단기를 정해서 선고하고, 단기가 지난 소년범의 행형성적이 양호하고, 교정의 목적을 달성했다고 인정되는 경우에는 형 집행이 종료될 수 있습니다. 그 외에도 가석방에 관해서도 소년범에 대한 특례 규정이 있습니다. 예를 들어, 소년이 부모님의 차를 몰래 운전해 음주운전사고를 낸 후 도주한 경우에 장기 5년, 단기 3년과 같이 부정기형을 선고하게 되고, 단기 3년이 지난 이후에는 수감 태도에 따라 석방될 수 있습니다.

소년법

제59조(사형 및 무기형의 완화) 죄를 범할 당시 18세 미만인 소년에 대하여 사형 또는 무기형으로 처할 경우에는 15년의 유기징역으로 한다.

제60조(부정기형) ① 소년이 법정형으로 장기 2년 이상의 유기형에 해당하는 죄를 범한 경우에는 그 형의 범위에서 장기와 단기를 정하여 선고한다. 다만, 장기는 10년, 단기는 5년을 초과하지 못한다.

더 나은 법을 위한 생각 나누기

형사미성년자의 나이를 낮춰 형사처벌 범위를 확대하는 방안에 대해서는 찬반 의견이 팽팽히 맞서고 있습니다. 국가인권위원회는 형사미성년자의 기준 연령을 낮추는 것은, 아동의 구금은 최후의 수단이라는 점에서 최단 기간을 요구하는 유엔 아동권리협약 등 국제 인권 기준에 반하는 것과 동시에, 연령 하향이 소년 범죄 예방을 위한 대안이 될 수 없다는 의견을 국회의장과 법무부장관에 전달했습니다.

어린 청소년들에게 형사처벌 가능성을 높인다고 해서 범죄를 억제하는 효과가 없다는 주장에 대해서는 어떻게 생각하시는지요? '나는 어려서 어차피 처벌받지 않는다'고 하면서 잔인한 범죄를 저지르는 청소년에게 필요한 것은 무엇일까요?

동물보다 못한 사람들

동물을 학대하는 행위가 심각한 사회 문제로 대두되고 있습니다.
최근 보도를 보면 동물학대를 하는 연령도 점점 낮아지고,
그 행태마저 점점 잔인해지는 형국입니다.
동물학대행위가 범죄가 된다는 인식도 낮고,
관련된 교육도 거의 이뤄지지 않고 있습니다.
그러나 동물학대는 동물보호법에 따라 처벌이 되는 범죄입니다.
그 처벌 수위가 낮아서 비판이 제기되고 있지만,
최근 법원은 동물을 학대한 행위에 대해
이례적으로 징역형을 선고하기도 했습니다.

훈련을 시킨다며 개를 매달고 운전한 주인

개를 차에 매달고 4km를 운전한 사람이 1년 6개월의 실형을 받고 법정 구속됐습니다. 영상을 통해 확인된 이 사람의 행적은 매우 충격적이었습니다. 박 모 씨는 제주시의 한 도로에서 자신의 차량에 개 두 마리를 긴 줄에 묶은 채 4km를 달렸습니다. 개들이 쓰러진 채로 끌려가 길바닥에는 핏자국이 선명합니다.

주민 제보로 경찰에 붙잡힌 개 주인은 개들을 훈련시키려고 그랬을 뿐, 학대 의도는 없었다고 주장했습니다. 하지만 법원은 박 씨에게 동물학대 혐의 등으로 징역 1년 6개월의 실형을 선고하고 법정 구속했습니다. 개들에게 심한 고통을 주었고, 누범 기간 중에 폭력과 음주운전 등 여러 차례 범행을 저질렀다는 것이 그 이유입니다.

동물학대를 이유로 징역형이 내려질 수 있을까?
동물보호법 위반에 대한 처벌

동물학대죄란

사람을 괴롭히는 행위는 구체적인 방법에 따라 폭행죄 또는 학대죄로 처벌이 될 수 있습니다. 폭행죄와 학대죄는 법정형이 거의 동일합니다. 폭행죄는 사람의 신체에 대해 폭력을 행사하는 것을 말합니다. 이에 반해 학대죄는 자기의 보호 또는 감독을 받는 사람을 학대한 경우에 성립됩니다. 학대의 개념은 폭행에 비해 광범위한데, 육체적으로 고통을 가하는 행위뿐만 아니라 정신적으로 고통을 가하는 행위도 포함됩니다.

LAW

형법

제260조(폭행, 존속폭행) ① 사람의 신체에 대하여 폭행을 가한 자는 2년 이하의 징역, 500만 원 이하의 벌금, 구류 또는 과료에 처한다.

제273조(학대, 존속학대) ① 자기의 보호 또는 감독을 받는 사람을 학대한 자는 2년 이하의 징역 또는 500만 원 이하의 벌금에 처한다.

형법상 폭행죄나 학대죄의 대상은 사람이고, 사람 이외의 동물을 폭행하거나 학대하면 동물학대죄에 의해 처벌을 받을 수 있습니다. 즉, 동물보호법은 동물학대를 금지하고, 이를 위반하는 경우 처벌할 수 있는 근거 규정을 두고 있습니다. 동물학대죄 외에 동물에 대한 폭행죄는 따로 없는데, 기본적으로 동물은 사람의 보호와 감독을 받는 대상이라는 전제에서 대상 동물의 주인이거나 실제로 보호, 감독을 하는 자가 아니어도 동물에 대한 폭행을 포함한 학대행위는 학대죄로 처벌하려는 취지라고 보입니다.

그런데 동물에 대한 학대죄는 사람에 대한 학대죄보다 법정형이 더 높습니다. 사람에 대한 학대죄는 2년 이하의 징역 또는 500만 원 이하의 벌금에 처하지만, 동물학대죄는 2년 이하의 징역 또는 2천만 원 이하의 벌금입니다. 사람을 다치게 하거나 죽인 경우에는 상해죄, 살인죄, 폭행치사 등 더 무거운 처벌을 할 수 있는 별도의 조항이 있지만, 동물의 경우는 죽이거나 상해하는 행위까지 모두 학대죄로 처벌할 수밖에 없기 때문입니다.

동물보호법에는 어떠한 행위가 동물에 대한 학대인지 상세하게 규정하고 있습니다. 죽이거나 다치게 하는 행위는 물론, 사료 또는 물을 주지 않아 죽게 하는 경우나 반려견이나 반려묘에게 최소한의 사육공간을 제공하지 않는 등 사육·관리 의무를 위반해 질병을 유발하는 행위까지도 포함합니다.

동물보호법

제8조(동물학대 등의 금지) ① 누구든지 동물에 대하여 다음 각 호의 행위를 하여서는 아니 된다.

2. 노상 등 공개된 장소에서 죽이거나 같은 종류의 다른 동물이 보는 앞에서 죽음에 이르게 하는 행위

3. 고의로 사료 또는 물을 주지 아니하는 행위로 인하여 동물을 죽음에 이르게 하는 행위

② 누구든지 동물에 대하여 다음 각 호의 학대행위를 하여서는 아니 된다.

1. 도구·약물 등 물리적·화학적 방법을 사용하여 상해를 입히는 행위. 다만, 질병의 예방이나 치료 등 농림축산식품부령으로 정하는 경우는 제외한다.

3의2. 반려(伴侶) 목적으로 기르는 개, 고양이 등 농림축산식품부령으로 정하는 동물에게 최소한의 사육공간 제공 등 농림축산식품부령으로 정하는 사육·관리 의무를 위반하여 상해를 입히거나 질병을 유발시키는 행위

제46조(벌칙)

② 다음 각 호의 어느 하나에 해당하는 자는 2년 이하의 징역 또는 2천만원 이하의 벌금에 처한다.

1. 제8조제1항부터 제3항까지를 위반하여 동물을 학대한 자

동물학대에 대한 처벌

다른 사람의 동물을 죽이거나 상해에 이르게 한 경우에는 동물학대죄 외에 재물손괴죄도 성립할 수 있습니다. 1997년 동물보호법이 생겨 동물학대를 처벌하기 전까지는 동물을 괴롭히는 행위를 달리 처벌할 방법이 없었습니다. 비록 동물이 생명체이지만 사람이 아니라는 점에서는 법적으로는 소유 대상인 재물로 취급되기 때문에 다른 사람의 동물을 학대하는 행위를 재물손괴죄로 처벌했습니다. 처음 동물학대죄가 도입됐을 때에 법정형이 20만 원 이하의 벌금이나 구류 또는 과료였기 때문에 처벌 수위가 낮아 처벌 수위가 높은 재물손괴죄로 처벌되는 경우가 많았습니다.

형법

제366조(재물손괴 등) 타인의 재물, 문서 또는 전자기록 등 특수매체기록을 손괴 또는 은닉 기타 방법으로 기 효용을 해한 자는 3년 이하의 징역 또는 700만 원 이하의 벌금에 처한다.

최근에는 동물학대에 대해 동물보호법에 따라 처벌을 하는 것이 보통이지만, 실제 처벌 수위는 그다지 높지 않습니다. 2014년부터 2018년까지 동물보호법 위반혐의 기소 의견으로 검찰에 넘겨진 인원은 모두 1,908명인데, 이 중 구속된 사람은 단 3명에 불과합니다. 무겁게 처벌된 경우도 대부분 다른 범죄와 함께 저지른 경우이거나, 다른 범죄를 저지른 후 얼마 지나지 않은 상황에서 다시 범죄를 저지른 경우, 즉 누범에 해당하는 경우 등 특수한 사정이 존재하는 경우이기 때문에 동물학대만으로는 아직 처벌 수위가 높지 않습니다.

다만, 최근에는 고양이를 학대한 자에 대해 징역 6개월에 처한 판례가 있습니다. 범행 수법이 매우 잔혹하고 피고인에게서 생명 존중의 태도를 찾아볼 수 없었다는 점, 단지 고양이에 대해 거부감이 있다는 이유로 아무런 위해도 가하지 않은 고양이를 학대하는 등 그 범행 동기에도 비판이 큰 점 등을 근거로 했습니다.

더 나은 법을 위한 생각 나누기

남의 반려동물을 죽게 하면 형법상 재물손괴죄에 의해 처벌이 가능합니다. 하지만 이제 많은 사람에게 반려동물은 '물건'이라기보다 '마음을 함께하는 인생의 동반자'입니다. 반려동물의 법적인 지위를 '물건'으로 두는 것이 합당한지는 생각해볼 문제입니다.

동물은 민법상 물건이 아니라는 조항을 추가하는 민법 개정안이 올라와 있기도 합니다. 독일이나 오스트리아 등 외국에서도 민법상 동물은 물건이 아니라는 점을 명시하는 경우가 있습니다.

복지를 위한 법률

우리 사회가 추구해야 할 가치에 대한 논란이 많지만, 복지는 정도의 차이일 뿐 누구나 중요하게 생각하는 가치가 됐습니다. 복지의 대상도 일부 최빈곤층에서 점차 확대되어 보편적 복지까지 이야기되는 시대입니다.

우리 사회가 이미 직면하고 있고, 장기적으로 더 우려되는 문제는 소득 양극화입니다. 통상적으로 중위 소득(100명 중 소득순으로 50번째)의 50~150%를 중산층으로 분류하는데, 우리나라에서 중산층이라고 스스로 인식하거나 실제 소득 기준으로 중산층에 해당하는 사람의 수가 점차 줄어들고 있고, 소득 기준 하위 20%와 상위 20%의 차이도 과거에 비해 상당히 커진 상황입니다.

복지는 법률의 뒷받침이 있어야만 구현 가능

이러한 소득 양극화의 해소를 위한 여러 가지 해법을 고려해볼 수 있지만, 국가가 직접 노동 시장에 영향을 행사해 소득 양극화를 줄이는 것은 현실적으로 어려움이 있습니다. 결국, 복지의 영역에서 실질 소득의 격차를 줄여가는 방안이 반드시 필요한 상황입니다.

이 칼럼의 제목인 '복지를 위한 법률'을 보고, 복지의 영역에서 법률이 무슨 역할을 할 수 있을지 의문이 들 수 있습니다. 복지는 사회 현상을 분석하고 문제를 파악해 적절한 해결책을 모색해야 하는 정책의 대상이라는 생각이 우선 들게 되고, 실제로 그러한 과정이 중요하고 반드시 필요합니다. 그러나 복지만이 아니라 행정부의 집행이 필요한 모든 영역에서는 근거 법령이 반드시 필요합니다. 특히 복지의 경우 공적 영역의 역할이 중요한 분야이고, 국가 예산과 관련한 사항이라 국회의 입법과 예산 심의가 제대로 이뤄져야만 합니다.

예를 들어, 영리병원을 허용할 것인지에 대해 특별자치도인 제주도에서 먼저 문제가 됐고, 장기적으로 경제자유구역을 거쳐 모든 지역에서 허용할 것인지에 대한 논의도 있습니다. 이러한 문제는 결국 입법부가 법률의 개정을 하지 않으면 불가능한 영역이고, 영리병원을 허용할 경우 우리나라 국민건강보험에 미칠 영향, 민간 의료보험 상품의 확대와 국민의 의료비 부담 증가 가능성 등을 전반적으로 검토한 이후 여러 관련 법령의 개정 여부를 정해야 하는 상당히 복잡한 문제입니다.

민간 영역 기부 활성화하는 법률 필요

뿐만 아니라 민간 영역의 복지도 법률과 관련이 있습니다. 정부가 주도하는 복지는 결국 세금을 재원으로 할 수밖에 없습니다. 따라서 장기적으로는 소득 격차를 줄이기 위해 세율 조정이 필요할 수 있지만, 단기적으로 세수를 늘리기는 매우 어렵습니다. 따라서 민간 영역에서 기부를 활성화해 복지 사각지대를 줄여 나가거나 복지를 확충할 필요가 있습니다. 이를 위해 우선 기부 문화를 정착시키는 사회 운동이 필요합니다. 단순히 국민의 인식만 전환시켜서는 기부가 유의미하게 늘어나기는 어렵고, 자발적인 기부를 늘리는 법적 지원책을 마련해야 합니다. 가장 쉽게는 기부로 인한 세제상의 혜택을 제공하도록 법령을 개정할 수 있으며, 기업의 기부만이 아니라 일반인이 유산으로 기부할 경우 영국의 '레거시(Legacy) 10'과 같이 상속세율을 낮춰주는 방안도 고민해볼 수 있습니다.

더 나아가 돌아가신 분이 타인에게 기부한 재산을 나중에 상속인이 반환을 청구하지 못하게 할 필요가 있습니다. 현행 유류분 제도에 의하면, 상속인이 돌아가신 분의 재산에 대해 법정상속분의 2분의 1(배우자와 직계비속의 경우)은 최소한 상속받을 수 있게 되어 있고, 원칙적으로 돌아가신 분이 상속 개시 전의 1년간 증여한 금액까지 합산해 돌아가신 분의 재산을 계산하도록 되어 있습니다. 예를 들어, 돌아가신 분에게는 자식 1명이 있고, 1억 원의 재산을 남겼는데, 사망 6개월 전에 2억 원을 장학재단에 기부했다면, 돌아가신 분의 상속재산은 총 3억 원으로 계산해 상속인인 자식은 최소 2분의 1, 즉 1억 5천만 원을 상속할 수 있습니다. 따라서 상속인은 남겨진 1억 원으로 부족한 5천만 원을 장학재단에 반환청구를 할 수 있습니다. 이러한 유류분 제도의 적용대상에서 일정한 요건을 갖춘 기부 재산은 제외해 유산 기부의 실질적인 범위를 확대하는 방안도 고려할 수 있습니다.

이와 같이 복지의 문제도 단순히 국가가 가난한 국민에게 경제적인 혜택을 제공하는 것이 아니라 다양한 법률 문제와 연관되어 있습니다. 복지를 확대하기 위해 단순히 정부 예산을 늘리는 것이 아니라, 공적 영역과 민간 영역의 법률관계를 조정하는 방법을 통해 가능한 영역도 존재합니다. 복지를 위한 다양한 법률들이 마련되어 있기는 하지만, 복지를 증진할 수 있는 보다 다양한 방안을 모색할 필요가 있습니다.

PART 2. 자유와 명예를

지켜주는 법

무죄추정의 원칙과 피의자 신상정보 공개

수사를 받는 과정에서는 누구에게나 '무죄추정의 원칙'이 적용되나,
피의자의 얼굴을 공개하는 경우도 있습니다.
공공의 이익이라는 특정한 요건이 갖춰지면,
현장검증이나 송치할 때 언론의 사진 촬영을 통해 알리는 것입니다.
하지만 이 경우에도 긴 머리로 자신의 얼굴을 완전히 가리거나 하면
다른 방법이 없는 것이 현실입니다.
따라서 이외 다른 방법을 통해서
신상정보를 공개해야 한다는 필요성이 제기되고 있습니다.

화성 연쇄살인 용의자에 대한 신상공개

화성 연쇄살인 용의자 이춘재에 대해 경찰이 결국 그를 피의자 신분으로 전환했습니다. 공소시효가 모두 지나서 이 씨에 대한 입건이 처벌로 이어질 수는 없지만, 이 씨의 신분이 용의자에서 피의자로 전환되면서 향후 신상공개 가능성이 열렸습니다.

다른 사건으로 수감 중인 이 씨는 10여 차례 이어진 경찰의 대면 조사에서 10건의 화성 사건을 포함해 모두 14건의 살인과 30여 건의 강간·강간미수 범죄를 저질렀다고 자백했습니다. 이에 경찰은 이 씨에 대한 신상공개위원회 개최를 검토하고 있다고 밝혔습니다.

피의자 신상을 공개할 수 있는 경우

피의자가 기소되기 전에 수사를 받고 있을 때는 무죄추정의 원칙에 따라 자신을 방어할 기회를 제공받고 수사기관은 피의사실을 공표할 수 없습니다. 확정되지 않은 혐의사실이나 신상정보가 대중에게 알려지면 추후 무혐의처분 또는 무죄가 선고되어도 그러한 사실이 제대로 알려지지 않아 그 이후에도 계속 범죄자라는 오명을 써야 하는 피해를 입을 수 있기 때문입니다.

반면에 국민의 알 권리, 피의자의 재범방지 및 범죄예방 등 공공의 이익을 위해 피의자의 신상을 공개할 필요도 존재합니다. 따라서 과거에는 구체적인 기준이 없어서 국민의 관심이 높은 경우에는 다른 요건을 고려하지 않고 공개한 경우가 있었습니다.

하지만 2010년에 피의자의 신상공개를 위한 구체적인 기준이 정해졌습니다. 그 기준은 ① 국민의 알 권리 등 오로지 공공의 이익을 위해 필요한 상황, ② 범행수단이 잔인하고 중대한 피해가 발생한 특정강력범죄 사건, ③ 피의자가 그 죄를 범했다고 믿을 만한 충분한 증거가 있을 때에만 공개할 수 있습니다. 이러한 요건을 모두 충족해야 하기 때문에 국민적 관심사가 높은 살인 사건의 경우에 신상정보공개

심의위원회의 판단에 의해 제한적으로 신상공개를 하고 있습니다.

특정강력범죄의 처벌에 관한 특례법(약칭 : 특정강력범죄법)

제8조의2(피의자의 얼굴 등 공개) ① 검사와 사법경찰관은 다음 각 호의 요건을 모두 갖춘 특정강력범죄 사건의 피의자의 얼굴, 성명 및 나이 등 신상에 관한 정보를 공개할 수 있다.

1. 범행수단이 잔인하고 중대한 피해가 발생한 특정강력범죄 사건일 것
2. 피의자가 그 죄를 범하였다고 믿을 만한 충분한 증거가 있을 것
3. 국민의 알 권리 보장, 피의자의 재범방지 및 범죄예방 등 오로지 공공의 이익을 위하여 필요할 것
4. 피의자가 「청소년 보호법」 제2조제1호의 청소년에 해당하지 아니할 것

신상공개 방법은?

피의자의 얼굴, 성명 및 나이 등 신상에 관한 정보를 공개하게 되는데, 사람들이 가장 관심을 가지게 되는 정보는 얼굴, 즉 피의자의 사진입니다. 그런데 우리나라는 피의자가 입건될 때 별도로 사진을 찍는 절차가 없기 때문에 현장검증 또는 검찰에 송치하는 과정에서 마스크를 착용하지 않고 언론에 노출하는 방법으로 얼굴을 공개하고 있습니다. 다음 보도자료에서는 피의자 신상정보를 공개하는 방법에 대해 '차후 현장검증 또는 송치 시 자연스럽게 공개 예정'이라고 적시하고 있습니다.

제주지방경찰청 보도자료(2019. 6. 5)

前남편 살인 등 피의자 신상정보

· 성명 : 고유정
· 성별 및 나이 : 여, 만 36세
· 얼굴 : 차후 현장검증 또는 송치 시 자연스럽게 공개 예정

수사기관이 피의자의 얼굴 사진을 경찰청 홈페이지나 언론에 제공하는 등의 조치를 취하지 않고 언론이 스스로 촬영하도록 하는 방식으로 공개하는 현실인데, 공식적으로 사진을 공개해 확인하도록 할 필요가 있습니다. 특히, 남편을 제주도 펜션에서 살해한 혐의를 받는 고유정의 경우 언론에 노출될 때에는 이른바 커튼 머리, 즉 앞머리를 길게 내려서 얼굴을 가리고 이동했기 때문에 얼굴이 제대로 공개되지 않았고, 다른 피의자들도 비슷한 방식이나 윗옷으로 가릴 수도 있는 상황입니다.

이러한 이유 때문에 우리나라에서도 미국과 같이 체포됐을 때 이름표나 수인번호를 들고 정면과 측면을 촬영한 사진, 이른바 머그샷(Mugshot)을 공개해야 한다는 주장이 제기되고 있습니다.

더 나은 법을 위한 생각 나누기

피의자의 신상공개는 피의자의 재범방지 및 범죄예방에 도움이 되고, 국민의 알 권리 충족을 위해 필요한 경우에 허용됩니다. 피의자가 일반인인 경우와 고위공직자, 정치인, 중요 경제인, 연예인인 경우에는 그 기준이 달리 적용될 수 있을까요?
2019년 12월 1일부터 시행된 법무부 훈령인 '형사 사건 공개금지 등에 관한 규정'에 의하면 사건 관계인의 출석 일시, 귀가 시간 등 출석 정보를 공개해서는 안 되고, 사건 관계인의 수사과정 일체에 대해 언론 등의 촬영, 녹화, 중계방송을 허용해서는 안 된다는 점이 명시되어 있습니다. 언론을 통해 자연스럽게 피의자의 신상이 공개되는 관행도 바뀌어야 한다고 생각하시는지요?

기자를 고소한 검찰총장

우리 헌법은 언론의 자유를 보장하고 있습니다.

언론은 신속하고 정확한 보도를 해서

국민의 알 권리를 충족하는 데 기여합니다.

그런데 언론 보도의 내용이 특정인의 명예를 훼손하는 것이라면,

언론의 자유는 제한되어야 할까요?

그러한 정보가 공공의 이익을 위해 알려질 필요가 있는 경우라면

언론의 자유는 여전히 보호될 필요가 있습니다.

그런데 특히 요즘에는 SNS의 발달로 인해 속보 경쟁이 뜨겁습니다.

사실 확인을 위한 충분한 취재나 조사가 부족한 상태에서

보도가 되는 경우에는 언론의 자유라는 이름으로

명예훼손의 죄가 무마될 수는 없을 것입니다.

언론에 의한 명예훼손은 중요한 가치가 충돌하는 국면으로

다툼의 여지가 많습니다.

그런데 최근 검찰총장이 기자를 고소하는 이례적인 사건이 발생했습니다.

더구나 이 수사 자체를 검찰이 한다는 점에서

시민단체는 '이해충돌'의 문제를 제기하고 나섰습니다.

검찰총장에 대한 보도와 이에 대한 고소

한 신문사 기자가 현 검찰총장에 대한 의혹이 과거 수사과정에서 제기됐음에도 불구하고, 검찰이 이와 관련한 후속 수사를 제대로 하지 않았다는 의혹을 제기했습니다. 그러자 현 검찰총장인 윤석열 총장은 해당 신문사 기자를 출판물 등에 의한 명예훼손으로 고소했습니다. 그런데 이러한 고발에 대해 법무부 검찰과거사위원회와 대검 진상조사단 외부위원들이 공동 성명을 내어 문제제기를 했습니다. 윤 총장의 고소는 사실상 고소의 형식을 빌린 실질적인 총장의 '하명수사'이며, 또 이해충돌 여지가 있는 윤 총장 개인 고소 사건을 경찰이 아니라 검찰이 직접 수사하는 것도 문제라고 지적했습니다. 동시에 이러한 고소는 언론의 자유에 대한 침해시도로 평가될 수도 있다는 우려도 제기했습니다.

한편, 검찰총장은 이 사건에 대해 관련 보고를 받지 않겠다고 했고, 국정감사장에서 "이것은 개인의 문제가 아니라 기관의 문제일 수도 있다"라는 입장도 밝혔습니다. 그리고 신문사가 사과문을 같은 지면에 실어준다면, 고소를 계속 유지할지 재고해보겠다고도 했습니다.

언론보도에 의한 명예훼손
언론의 자유와 그 한계

형사상 명예훼손죄의 성립 여부

언론보도와 관련해 적용될 수 있는 형법상 명예훼손죄는 크게 두 가지가 있습니다. 하나는 출판물 등에 의한 명예훼손죄이고, 다른 하나는 일반적인 명예훼손죄입니다. 명예훼손죄는 공공연하게, 즉 여러 사람에게 전파될 수 있도록 사실 또는 허위의 사실을 밝혀서 사람의 명예를 훼손하는 경우 성립합니다. 여기에서 명예는 사람의 인격에 대한 사회의 객관적인 평가이므로, 남들 앞에서 피해자의 인격에 대한 주변의 평가를 훼손시킬 수 있는 내용을 이야기한 경우 성립한다고 할 수 있습니다.

출판물 등에 의한 명예훼손죄는 다른 요건은 명예훼손과 동일하지만, 두 가지 추가적인 요건이 필요합니다. 우선 사람을 '비방할 목적'이 인정되어야 합니다. 단순히 '사실과 다른 이야기를 한다'는 것으로는 부족하고, 구체적으로 피해자를 비방할 목적이 있어야 합니다. 또한 '신문, 잡지 또는 라디오 기타 출판물'을 통한 명예훼손이기 때문에 언론사의 기자나 기고자의 행위여야 합니다. 이러한 두 가지

요건을 갖춰 다른 사람을 비방할 목적으로 출판물을 이용해 명예훼손을 한 경우에는 가벌성(처벌을 할 수 있는 요소)과 위험성이 크기 때문에 일반적인 명예훼손죄에 비해 가중처벌이 됩니다.

형법

제307조(명예훼손) ① 공연히 사실을 적시하여 사람의 명예를 훼손한 자는 2년 이하의 징역이나 금고 또는 500만 원 이하의 벌금에 처한다.
② 공연히 허위의 사실을 적시하여 사람의 명예를 훼손한 자는 5년 이하의 징역, 10년 이하의 자격정지 또는 1천만 원 이하의 벌금에 처한다.

제309조(출판물 등에 의한 명예훼손) ① 사람을 비방할 목적으로 신문, 잡지 또는 라디오 기타 출판물에 의하여 제307조제1항의 죄를 범한 자는 3년 이하의 징역이나 금고 또는 700만 원 이하의 벌금에 처한다.
② 제1항의 방법으로 제307조제2항의 죄를 범한 자는 7년 이하의 징역, 10년 이하의 자격정지 또는 1천 500만 원 이하의 벌금에 처한다.

명예훼손과 출판물 등에 의한 명예훼손 모두 허위의 사실을 이야기한 경우만이 아니라 진실을 이야기한 경우에도 성립된다는 점에서 일반인의 상식과 다소 다른 부분이 있습니다. 다만, 비방할 목적 없이 오로지 공공의 이익을 위해 허위가 아닌 진실한 사실을 적시한 경우에는 설사 타인의 명예가 훼손되더라도 위법하지 않다고 봐서 처벌이 되지 않습니다.

예를 들면, "모 연예인이 음주운전 하다가 사람을 치어 죽게 한 적이 있다"라는 이야기를 누가, 어떤 방법으로 했는지에 따라 범죄의 성립 여부가 달라질 수 있습니다. 우선 일반인이 안티 팬카페에서 그러한 게시물을 작성한 경우에는 이러한 내용이 설사 사실이라고 해도 명예훼손이 성립할 수 있습니다. 다만, 음주운전사고로 인한 피해자 보호를 위한 단체 활동을 하면서 다른 사람들의 경각심을 높이기 위해 해당 내용을 이야기한 경우에는 오로지 공공의 이익에 관한 것이라고 봐서 처벌을 피할 수 있는 가능성이 있습니다.

만약 기자가 그러한 음주운전사고가 발생하자 이를 바로 기사로 작성했다면 특별히 비방의 목적이 인정되지 않습니다. 구독자의 알 권리를 위한 행위로서 공공의 이익이 인정되어 출판물 등에 의한 명예훼손이나 명예훼손이 성립하지 않게 될 가능성이 큽니다. 다만, 사고가 발생한 지 꽤 시일이 지난 후에, 해당 연예인이 인터넷 언론사의 규모가 작다는 이유로 신년 인터뷰에 응하지 않았다는 사실에 앙심을 품고, 기자가 과거 음주운전사고 사실을 기사로 작성했다면 출판물 등에 의한 명예훼손이 인정될 수도 있습니다.

사람에게 직접 이야기하지 않고 SNS 등 온라인상에서 명예훼손을 하는 때에도 오프라인, 온라인을 구분하지 않고 모두 명예훼손죄에 해당됩니다. 그런데, '사람을 비방할 목적으로' 온라인상에서 명예훼손을 한 경우에는 일반 명예훼손과 비교해 조금 중하게 처벌됩니다. 이는 온라인의 경우 상대적으로 전파가 신속하게 이뤄질 수 있다는 점을 고려하기 때문입니다.

LAW

형법

제307조(명예훼손) ① 공연히 사실을 적시하여 사람의 명예를 훼손한 자는 2년 이하의 징역이나 금고 또는 500만 원 이하의 벌금에 처한다.

제310조(위법성의 조각) 제307조제1항의 행위가 진실한 사실로서 오로지 공공의 이익에 관한 때에는 처벌하지 아니한다.

정보통신망 이용촉진 및 정보보호 등에 관한 법률(약칭 : 정보통신망법)

제70조(벌칙) ① 사람을 비방할 목적으로 정보통신망을 통하여 공공연하게 사실을 드러내어 다른 사람의 명예를 훼손한 자는 3년 이하의 징역 또는 3천만 원 이하의 벌금에 처한다.
② 사람을 비방할 목적으로 정보통신망을 통하여 공공연하게 거짓의 사실을 드러내어 다른 사람의 명예를 훼손한 자는 7년 이하의 징역, 10년 이하의 자격정지 또는 5천만 원 이하의 벌금에 처한다.

법적 구제 방안 - 형사, 민사, 정정보도 등

명예훼손으로 피해를 입은 경우 취할 수 있는 행동은 수사기관에 형사고소를 하는 것입니다. 명예훼손죄는 처벌 여부를 결정할 때 피해자의 의사를 매우 중요하게 생각합니다. 따라서 피해자의 고소가 있어야 기소를 할 수 있으며, 피해자의 명시적인 의사에 반해 기소를 할 수 없도록 되어 있습니다. 따라서 실제로 고소나 고발이 있어야만 수사가 개시되는 경우가 많고, 그러한 수사를 통해서 피해자가 가해자의 사과를 받는 등의 방법으로 피해를 회복하게 됩니다.

출판물 등에 의한 명예훼손의 경우는 일반인에게 널리 전파되고, 출판물의 특성상 일반인이 사실로 인식하는 경우가 많습니다. 따라서 기자에 대한 형사처벌이나 위자료만으로는 피해 회복이 되지 않는다고 판단되면, 정정보도 또는 반론보도를 통해 진실을 알리는 절차가 필요할 수 있고, 합의가 되지 않으면 언론중재위원회의 도움을 구하는 것이 효과적입니다.

온라인상에서 명예훼손이 이뤄졌다면, 오프라인과 달리 그러한 게시글이 여전히 남아 있어 계속 명예훼손이 발생할 수 있다는 점에서 피해가 큽니다. 그래서 피해자가 신속하게 그러한 게시글을 삭제하거나 반박내용을 게재할 수 있도록 절차를 마련해두고 있습니다. 반면에 원래의 글을 작성한 사람이 명예훼손으로 법적인 판단을 받지 않는다면 억울하게 자신의 글이 삭제되지 않도록 다툴 수 있는 절차도 마련되어 있습니다.

그 외에도 언론보도로 인해 자신의 명예가 훼손되어 정신적인 피해를 입은 피해자는 위자료를 청구하는 것을 생각해볼 수 있으며, 이는 민사소송으로 진행됩니다.

언론중재 및 피해구제 등에 관한 법률(약칭 : 언론중재법)

제14조(정정보도 청구의 요건) ① 사실적 주장에 관한 언론보도 등이 진실하지 아니함으로 인하여 피해를 입은 자(이하 "피해자"라 한다)는 해당 언론보도 등이 있음을 안 날부터 3개월 이내에 언론사, 인터넷 뉴스서비스 사업자 및 인터넷 멀티미디어 방송사업자(이하 "언론사 등"이라 한다)에게 그 언론보도 등의 내용에 관한 정정보도를 청구할 수 있다. 다만, 해당 언론보도 등이 있은 후 6개월이 지났을 때에는 그러하지 아니하다.

제18조(조정신청) ① 이 법에 따른 정정보도청구 등과 관련하여 분쟁이 있는 경우 피해자 또는 언론사 등은 중재위원회에 조정을 신청할 수 있다.

정보통신망 이용촉진 및 정보보호 등에 관한 법률(약칭 : 정보통신망법)

제44조의2(정보의 삭제요청 등) ① 정보통신망을 통하여 일반에게 공개를 목적으로 제공된 정보로 사생활 침해나 명예훼손 등 타인의 권리가 침해된 경우 그 침해를 받은 자는 해당 정보를 처리한 정보통신서비스 제공자에게 침해사실을 소명하여 그 정보의 삭제 또는 반박내용의 게재(이하 "삭제 등"이라 한다)를 요청할 수 있다.

더 나은 법을 위한 생각 나누기

만약 검사가 명예훼손의 고소인이 아니라, 명예훼손의 혐의자가 됐다면 과연 이 사건은 누가 수사하는 것이 옳을까요? 검찰에서 검사의 범죄사실을 수사하는 것은 이해충돌의 문제가 있을 수 있습니다. 검찰 내부의 문제에 대해 고소가 제기됐음에도 불구하고 수사가 전혀 진행되지 않아 제 식구 감싸기라는 비판을 받기도 합니다. 이러한 사안은 다른 수사기관인 경찰에서 하는 것이 적절하다고 생각하시나요? 경찰이 독자적인 수사권을 가지지 못하는 문제는 어떻게 해결되어야 할까요?

이와 관련해 최근 국회에서는 논란 끝에 고위공직자비리수사처, 즉 공수처를 설치하는 법률이 통과됐습니다. 이에 대한 정치적인 이견이나 학문적인 비판도 있지만, 집중된 검찰의 권력을 통제할 필요가 있고, 그간 고위 공직자 부패 범죄에 대한 수사가 미진했다는 점은 부정하기 어렵습니다. 이번 입법이 이러한 문제를 해결하는 초석이 될 수 있을 것으로 기대합니다.

그 사건은 수사 중인 사안이라

답변이 어렵습니다

무죄추정의 원칙이란 유죄판결이 확정될 때까지는
무죄로 추정된다는 원칙입니다.
무고한 사람을 처벌해서는 안 된다는 인권보장 사상이 투영된 것이지요.
형법상 피의사실공표죄는 아직 재판이 시작되기도 전에 피의자의 혐의를
공표하게 되면 여론재판으로 피의자의 인권이 침해당할 수 있고,
무죄추정의 원칙에 반하기 때문에 이를 금지하고자 하는 것입니다.
그런데 이러한 형법 규정에도 불구하고 사회적으로 큰 관심이 되는
사건들은 기소가 되기 전부터 언론의 많은 관심을 받기도 합니다.
피의사실공표를 엄격하게 금지하면
국민들의 알 권리가 심각하게 침해될 우려가 있기도 합니다.
이번 사안에서는 피의사실공표죄의 의미와
그 한계에 대해 생각해보고자 합니다.

 뉴스

지적장애 여성을 살해한 일당

원룸에 함께 살던 20대 지적장애 여성을 살해한 후, 시신을 야산에 암매장한 일당이 검거됐습니다. 피의자들은 지적장애가 있는 또 다른 여성을 납치해 원룸에 감금했다가 피해자 가족의 신고로 출동한 경찰에 의해 긴급 체포됐고, 수사과정에서 다른 지적장애 여성을 살해한 사실이 드러났습니다.

경찰은 수사상황을 발표하는 과정에서 상세한 혐의 사실에 대한 질문이 나오자 "수사 중이기 때문에 밝힐 수는 없다. 저희가 구체적으로 그런 부분은 말씀드리지 못하는 점을 양해해 달라"라고 요청했습니다.

수사 중인 사건의 피의사실공표

기소 전 피의사실공표를 금지하는 이유

피의사실은 수사를 받는 피의자가 범죄를 저질렀다고 의심받고 있는 내용을 말합니다. 수사기관이 업무 수행 과정에서 알게 된 피의사실을 공판 청구 전, 즉 기소를 하기 전에 외부에 알린 경우에는 형사처벌의 대상이 됩니다. 기소도 이뤄지기 전에 수사기관이 수사내용을 자유롭게 공표하면, 피의자는 여론재판을 받거나, 인권이 침해될 수 있기 때문에 피의사실공표죄를 둔 것입니다.

현행 법률에는 수사기관이 기소 전에 피의사실을 공표할 수 있는 예외가 전혀 규정되어 있지 않습니다. 이러한 피의사실공표죄가 적용되는 것은 검찰의 기소가 이뤄지기 전까지입니다. 기소 후에는 피의사실공표가 문제되지 않기 때문에 검찰은 국민의 관심사가 높은 사건의 경우 공소 제기 이후 보도자료를 배포하거나 기자회견을 통해 혐의사실을 공개하고 있습니다.

형법

제126조(피의사실공표) 검찰, 경찰 기타 범죄수사에 관한 직무를 행하는 자 또는 이를 감독하거나 보조하는 자가 그 직무를 행함에 당하여 지득한 피의사실을 공판청구 전에 공표한 때에는 3년 이하의 징역 또는 5년 이하의 자격정지에 처한다.

피의사실공표죄의 법정형은 상당히 높지만, 이 죄는 사실상 유명무실하게 되어버렸습니다. 수사기관이 피의사실을 공표하지 않기 때문은 아닙니다. 최근 11년간 피의사실공표죄로 접수된 사건은 300건이 넘습니다. 그렇지만 이 가운데 실제 기소가 된 것은 단 한 건도 없습니다. 수사기관이 언론에 비공식적으로 알려준 수사상황이 공개되어 피의사실이 실질적으로 공표된 경우가 많지만, 언론은 수사기관이 아니기 때문에 피의사실공표로 처벌받지 않습니다. 또 취재원 보호의 차원에서 언론에 피의사실을 공개한 검사나 수사관의 신원을 알아내기도 어렵습니다.

그러나 최근에는 피의사실공표로 인한 문제가 사회적인 이슈가 되면서 법무부에서는 형사 사건에서 피의사실과 수사상황의 공개를 금지하는 내용의 훈령인 '형사 사건 공개금지 등에 관한 규정'을 제정해 2019년 12월 1일부로 시행하고 있습니다.

국민의 알 권리와의 충돌 문제

이 부분은 국민의 알 권리와 피의자에 대한 무죄추정의 원칙이 충돌하는 영역입니다. 피의자는 판결이 확정되기 전에는 무죄로 추정되어야 하지만, 피의사실이 공표되어 언론 등을 통해 대중에게 알려질 경우에는 추후 재판을 담당하게 될 판사도 사건 내용에 대해 부정적인 선입견을 가질 수 있습니다. 실질적으로 무죄추정의 원칙에 반하는 문제가 발생할 수 있습니다. 결국, 국민의 알 권리는 피의사실 공표금지 규정에 의해 수사과정 중에는 일정 부분 제한될 수밖에 없습니다.

그러나 엄격하게 피의사실공표를 금지하면 국민의 알 권리가 심각하게 침해될 수가 있고, 경우에 따라서는 해당 피의자에게도 반드시 유리한 결과가 생기지 않을 수도 있습니다. 예외적으로는 공소 제기 전이라도 일정한 범위 내의 형사 사건에 관한 정보를 공개할 수 있도록 하는 것이 필요합니다.

이에 따라 '형사 사건 공개금지 등에 관한 규정'에서는 사건 관계인이나 수사업무 종사자의 명예, 사생활 등 인권을 침해하는 등의 오보가 있어 신속하게 그 진상을 바로잡는 것이 필요한 경우, 범죄로 인한 피해의 급속한 확산이나 동종 범죄 발생이 심각하게 우려되는 경우, 공공의 안전에 대한 급박한 위험이나 그 대응조치에 관해 국민들이 즉시 알 필요가 있는 경우, 범인의 검거 또는 중요한 증거 발견을 위해 정보 제공 등 국민들의 협조가 필수적인 경우 등에는 공소

제기 전이라도 피의사실을 포함한 형사 사건에 관한 정보를 공개할 수 있도록 했습니다. 또한, 수사에 착수한 중요 사건으로 언론의 요청이 있는 경우에는 대검찰청, 고등검찰청, 지방검찰청 및 지청에 설치하는 형사 사건 공개심의위원회의 의결을 거쳐 피의사실을 포함한 형사 사건에 관한 정보를 공개할 수 있는 예외도 규정하고 있습니다.

더 나은 법을 위한 생각 나누기

피의사실이 공표되는 주요 통로는 언론 보도입니다. 이번 법무부 훈령에서도 검찰총장 및 각 검찰청장들은 언론 보도가 예상되는 사건의 내사 또는 수사와 관련해서는 형사 사건의 내용이 유출되지 않도록 적절한 조치를 취해야 한다고 했고, 검찰 공보관 이외에는 언론기관 종사자와 개별적으로 접촉할 수 없다는 점도 분명하게 했습니다.

그런데 최근에는 검찰에 출입하는 출입기자단이 언론을 독점하고 검찰과 공생관계를 유지하면서 언론이 권력 견제의 역할을 다하지 못하고 있다는 비판이 있습니다. 법무부 훈령에도 불구하고 공보관과 검찰 출입기자단이 상호 이해관계에 따라 피의사실공표를 포함한 정보교환을 계속할 수 있는 가능성은 없을까요? 검찰은 사회 정의를 구현하고 공익을 수호함으로써, 언론은 권력을 감시하고 건전한 여론을 형성함으로써 국민들의 신뢰를 되찾을 수 있기를 바랍니다.

학문의 자유라는 이름으로 위안부를 모독한 교수

학문과 언론의 자유는 민주주의를 떠받치는

매우 중요한 법적 제도입니다.

과거 군사독재 시절을 종식할 수 있었던 것은

이런 학문과 언론의 자유가 기반이 됐다고 볼 수도 있습니다.

하지만 학자의 연구나 언론 보도가 언제나 보호되어야 하는 것은 아닙니다.

기업의 돈으로 그 이익에 맞는 연구를 진행해 결과를 발표하는 것이

학문의 자유라는 이름으로 보호되어야 하는지 의문이고,

정치적인 목적을 가지고 역사적 사실을 왜곡하는 일 역시

학자적 양심의 발로라고 볼 수 없습니다.

충분한 취재에 기반을 두지 않아서 허위사실을 보도한 언론 역시

명예훼손 등의 법적인 책임에서 자유로울 수 없습니다.

일제 식민지배를 부정하는 주장들이 제기되고 있는 가운데,

학문의 자유와 그 한계에 대해 생각해보고자 합니다.

대학교수의 "위안부는 매춘의 일종" 발언 파문

시민단체들이 강의 중에 "위안부는 매춘의 일종"이라고 발언한 교수를 명예훼손 등의 혐의로 잇따라 고소, 고발한 사건이 있었습니다. 해당 교수는 문제의 전공 수업에서 일제의 수탈과 강제징용이 거짓이라고 주장하고, 전태일 노동자도 착취당해 자살한 게 아니라는 주장을 했습니다.

대학 측은 문제가 된 전공 수업을 중단하고 진상조사를 했고, 총학생회는 "충격적 망언"이라며 해당 교수의 파면을 촉구했습니다. 이에 대해 해당 교수는 소속 대학에 실망했다며 교양강의는 계속하겠다는 입장을 밝혔고, "위안부 피해 여성들에게 자발성이 있었다는 것은 설득력 있는 주장이라고 생각한다. 이는 나의 양심과 학문의 자유이다"라고 언급하기도 했습니다.

학문의 자유는 어디까지 인정될 수 있는가?

헌법 제22조제1항은 모든 국민이 학문의 자유를 가진다는 점을 명확히 하고 있습니다. '학문의 자유'는 외부의 간섭이나 방해를 받지 않고 연구나 강의 등 학문 활동을 할 자유를 의미합니다.

학자가 자유롭게 기존의 다수설과 다른 새로운 견해와 주장을 제시할 수 있는 분위기가 조성되면, 자유로운 논쟁을 거쳐서 학문의 발전이 이뤄지는 긍정적인 효과가 있습니다. 또한, 양심과 언론의 자유도 학문의 자유와 함께 학자가 스스로 생각하는 견해와 다른 내용의 강의를 하도록 강요받지 않고, 자신의 학문적 견해를 언론에 기고할 수 있도록 보장해줍니다.

헌법

제22조 ① 모든 국민은 학문과 예술의 자유를 가진다.

학문의 자유는 어디까지 보장될까?

학문의 자유를 포함한 인간의 권리와 자유는 무제한적인 것이 아닙니다. 자신의 자유권을 실현하기 위해 타인의 권리와 자유를 침해해서는 안 되고, 국가안전보장·질서유지 또는 공공복리를 위해 필요한 경우에 한해서 법률로 제한될 수도 있습니다. 또 학문적인 연구와 검증을 제대로 하지 않거나, 검증되지 않은 타인의 주장에 근거해 자신의 생각을 이야기하는 경우라면 학문의 자유로 보호될 수 있는 범위에 포함되지 않는다고 볼 수 있습니다.

뿐만 아니라 학자가 마치 사실인 것처럼 주장한 내용이 객관적 진실과 반할 경우에는 허위사실을 유포한 것이 되고, 사안에 따라서는 타인의 명예를 훼손하는 등의 방법으로 타인의 권리와 자유를 침해하는 것이 되어 학문의 자유로 보호받을 수 없습니다.

또한, 국가안전보장 · 질서유지 또는 공공복리를 위해 법률로 일정한 주장이나 발언을 하는 것을 금지하는 경우에도 학문적 자유가 제한될 수 있습니다. 역사적 사실을 부정하는 행위를 처벌하는 법률이 필요하다는 의견이 많습니다. 국회에서 통과되지는 못했지만, 일제 식민통치, 침략전쟁, 민족차별 등을 옹호하는 행위를 처벌하려는 법률이 여러 차례 제안되기도 했습니다. 독일, 프랑스, 오스트리아, 벨기에 등에서도 제2차 세계대전 동안 이뤄진 반인도적 범죄를 부인하는 행위를 처벌하는 법률이 제정되어 학문이나 표현의 자유를 일정한 범위 내에서 법률로 제한하고 있습니다.

명예훼손으로 인한 처벌의 가능성

학자가 학문적 연구와 검증의 결과, "위안부는 매춘의 일종이다"라고 생각하게 되고, 또 이것이 합리적 근거에 기반을 둔 것이라면 학문의 자유에 의해 보장받을 수 있습니다. 그러나 학문적 연구와 검증이 제대로 이뤄지지 않았다면, 위안부가 매춘이라는 발언은 살아있는 피해자가 당시의 사실을 증언하고 있는 점을 고려할 때 학문의 자유라는 이름으로 정당화될 수는 없습니다.

구체적인 발언은 다르지만 "위안부 피해자가 자발적인 매춘을 했다"라는 유사한 취지를 발언한 국립대 교수에게 명예훼손으로 실형이 선고된 적 있습니다. 다만, 유사한 주장을 완곡하게 표현한 책을 출판한 교수에 대해서는 1심과 2심의 판결이 무죄와 유죄로 갈린 경우도 있습니다. 또 대법원의 판결이 2년 넘게 이뤄지지 않는 점을 고려하면, 우리 법원이 역사적 사건에 대한 견해를 허위 사실로 인정해 형사처벌하는 데 상당히 조심스러운 태도를 취하고 있는 것으로 보입니다.

더 나은 법을 위한 생각 나누기

독일 형법 제130조는 '나치의 폭력적, 자의적 지배를 승인하거나 찬양하거나 정당화해 피해자의 존엄을 침해하는 방법으로 공공의 평온을 교란한 자는 3년 이하의 사유형 또는 벌금형으로 처벌한다'고 규정하고 있습니다. 제2차 세계대전 동안 600만 명의 유대인이 학살당한 홀로코스트를 부정하고 왜곡하거나, 이를 찬양하고 미화하는 행위를 범죄로 정한 것입니다.

프랑스나 체코, 폴란드, 오스트리아 등 여러 유럽 국가들은 유사한 법률을 제정해 역사 왜곡을 금지하고 있습니다. 우리나라도 이와 유사한 법률을 제정해야 한다는 목소리에 대해 어떻게 생각하시는지요?

집회하려거든 마스크를 벗으라고?

우리 헌법 제21조제1항에서는 국민의 기본권으로
집회·결사의 자유를 규정하고 있습니다.
주권자로서 국민이 목소리를 낼 수 있도록
적법한 집회 및 시위를 최대한 보장할 필요가 있습니다.
집회 및 시위를 위축시키기 위한 방안으로
집회와 시위에 참석하는 사람들의 신원을 모두 공개하는 것은
헌법에서 보장하는 집회·결사의 자유를
실질적으로 침해하는 것이 될 수 있습니다.
최근 홍콩에서는 시위를 제한하기 위한 방안으로
복면금지법이 시행됐습니다.
홍콩 시민들은 이를 비웃기라도 하듯
다양한 복면을 쓰고 시위 현장에 나오기도 했습니다.

격렬해진 홍콩 시위와 복면금지법

2019년 홍콩 시위는 국제적인 이슈였습니다. 홍콩 정부가 송환법을 철회했지만, 시위대는 총 다섯 가지 요구사항 중 나머지 4개도 실행되어야 한다며 더 격렬한 시위를 했습니다. 시위대는 애초에 다섯 가지 요구사항, 즉 ① 송환법 공식 철회, ② 경찰의 강경 진압에 대한 독립적인 조사, ③ 시위대를 폭도로 규정한 것의 철회, ④ 체포된 시위 참여자에 대한 조건 없는 석방 및 불기소, ⑤ 행정장관 직선제 실시를 요구했습니다.

이런 시위의 과정에서 홍콩 정부는 '복면금지법'을 시행하면서 더욱 시민들을 자극했습니다. 복면금지법은 집회 및 시위 참가자가 마스크로 얼굴을 가릴 경우 1년 이하의 징역 또는 25,000 홍콩 달러 이하의 벌금에 처할 수 있도록 한 법률입니다. 홍콩 시민은 복면금지법의 내용과 제정 절차에 모두 문제가 있다며 더 강하게 저항했습니다. 한편, 홍콩 고등법원은 복면금지법이 홍콩의 실질적인 헌법인 '기본법'에 위배된다고 하며 위헌 판결을 내렸습니다. 이에 대해 홍콩 특구 정부는 복면금지법은 홍콩 시민들의 자유와 집회 참여 권리를 해치지 않는다고 주장하며 상소를 했습니다.

집회에서 마스크 착용을 금지하려는 이유
집회와 시위의 자유

우리나라에는 복면금지법이 없고, 지난 19대 국회에서 유사한 내용의 법안이 제안됐지만 통과되지 못했습니다. 2015년 12월 14일 박인숙 의원이 대표 발의한 '집시법 개정안'에 의하면 집회 또는 시위 주최자나 참가자가 신원확인을 어렵게 할 목적으로 가면, 마스크 등의 복면 도구를 착용하는 행위를 금지하고 위반 시 단순 참가자의 경우에도 6개월 이하의 징역 또는 200만 원 이하의 벌금에 처할 수 있었습니다.

다행히 이러한 집시법 개정안이 통과되지 않았으며, 만약 통과됐다면 집회 또는 시위 참여자로서는 자신의 신분이 노출되는 것을 감수해야 하기 때문에 시위 참여를 위축시키는 요인이 됐을 것입니다.

집회 및 시위의 자유는 헌법이 보장하고 있는 기본권이고, 불법적인 폭력을 행사하지 않는 한, 적법하고 평화로운 집회 및 시위는 보장되어야 합니다. 이러한 자유에는 참여자가 복면 등을 포함한 복장을 선택할 수 있는 자유가 포함되어 있다고 볼 수 있습니다. 따라서 이러한 자유를 제한하는 것은 집회 및 시위의 자유를 본질적으로 침해한다고 볼 수 있어 위헌의 소지가 상당합니다.

집회 및 시위에 관한 법률(약칭 : 집시법) 일부개정법률안

제16조(주최자의 준수 사항) ④ 집회 또는 시위의 주최자는 다음 각 호의 어느 하나에 해당하는 행위를 하여서는 아니 된다.
4. 신원확인을 어렵게 할 목적으로 가면, 마스크 등의 복면도구를 착용하거나 착용하게 하는 행위. 다만, 각 목의 어느 하나에 해당하는 경우에는 복면도구를 착용할 수 있다.
가. 집회 또는 시위의 성격에 비추어 참가자의 신원이 노출되면 참가자의 인격권이 침해될 우려가 있는 경우
나. 집회 또는 시위의 목적 · 규모 · 일시 및 장소를 고려할 때 공공질서를 침해할 위험이 현저하게 낮은 경우
다. 그 밖에 대통령령으로 정하는 사유

제18조(참가자의 준수 사항) ② 집회나 시위에 참가하는 자는 제16조제4항 제1호, 제2호 및 제4호에 해당하는 행위를 하여서는 아니 된다.

법률이라고 하면 의회가 제정할 것 같지만, 사실 홍콩의 복면금지법은 의회가 제정한 법률은 아닙니다. 홍콩에는 영국 식민지 시절부터 긴급상황 또는 공공의 위험 시 행정장관이 법률을 제정할 수 있는 '긴급법령 규정'이 있습니다. 이에 근거해 의회의 승인 없이 복면금

지법이 제정됐습니다. 하지만 '긴급법령 규정'은 1967년 이후 사실상 사문화된 규정이었습니다.

우리나라에서 만일 홍콩의 복면금지법과 유사한 내용을 규제하고자 한다면, 반드시 의회가 제정하는 법률에 근거해야 합니다. 헌법 제37조제2항에 따라 국민의 자유와 권리를 제한하는 것은 국가안전보장·질서유지 또는 공공복리를 위해 필요한 경우에 법률로써 해야 하기 때문입니다. 이 헌법 조항은 기본권 제한의 한계를 정하고 있어 가장 중요한 헌법 조항 중 하나입니다.

헌법

제37조 ② 국민의 모든 자유와 권리는 국가안전보장 · 질서유지 또는 공공복리를 위하여 필요한 경우에 한하여 법률로써 제한할 수 있으며, 제한하는 경우에도 자유와 권리의 본질적인 내용을 침해할 수 없다.

우리나라도 대통령이 국가의 안전보장 또는 공공의 안녕질서를 유지하기 위해 긴급한 조치가 필요하거나, 중대한 교전 상황에서 예외적으로 법률과 동일한 효력을 가진 긴급명령·긴급재정경제처분 및 명령을 할 수는 있습니다. 하지만 엄격한 요건하에서만 발령이 가능하고, 의회의 사후 승인을 얻어야 하기 때문에 최근에는 거의 사용되지 않고 있습니다.

LAW

헌법

第76條 ① 대통령은 내우·외환·천재·지변 또는 중대한 재정·경제상의 위기에 있어서 국가의 안전보장 또는 공공의 안녕질서를 유지하기 위하여 긴급한 조치가 필요하고 국회의 집회를 기다릴 여유가 없을 때에 한하여 최소한으로 필요한 재정·경제상의 처분을 하거나 이에 관하여 법률의 효력을 가지는 명령을 발할 수 있다.
② 대통령은 국가의 안위에 관계되는 중대한 교전상태에 있어서 국가를 보위하기 위하여 긴급한 조치가 필요하고 국회의 집회가 불가능한 때에 한하여 법률의 효력을 가지는 명령을 발할 수 있다.

더 나은 법을 위한 생각 나누기

언론 보도를 통해 홍콩 시위 모습을 바라보는 내내 마음이 무거웠습니다. 민주주의를 외치는 수많은 시민들이 다치고 체포됐고, 엄청난 양의 최루탄이 사용됐다는 보도도 있었습니다. 체포된 사람들 가운데에는 학생이 상당수였고, 대학생뿐만 아니라 미성년자도 다수 포함되어 있습니다.

최근 치러진 홍콩 지방선거에서는 70%가 넘는 투표율을 기록하면서 범민주파가 압도적인 승리를 거뒀고, 시위도 점차 평화시위가 되어가는 양상이라 다행이라는 생각도 듭니다. 하지만 중국과의 관계에서 민주주의를 열망하는 홍콩 시민들의 요구가 받아들여질 수 있을지 계속 관심 있게 지켜봐야 할 것입니다. 홍콩 시위 보도를 보며, 지금 우리가 누리고 있는 민주주의, 평화롭게 진행될 수 있는 광장에서의 집회가 거저 얻어진 것이 아님을 다시 생각합니다.

PART 3. 일하는

사람들을 위한 법

삼성전자에 노조가 생기던 날

'자본주의의 역사'에는 '노조의 역사'가 매우 중요한 부분입니다.
자본주의가 발전할수록 노동자의 권익이 중요하게 됐고,
이 과정에서 사측과 노동자는 끊임없이 대립하고 충돌했습니다.
특히 대부분의 국민들이 노동자라는 관점에서 본다면
노조활동은 곧 국민의 권익을 높이는 활동이기도 합니다.
그러나 여전히 회사는 노조활동에 대해서
껄끄러운 시각으로 바라보고 매우 교묘하게 방해하기도 합니다.
지난 50년간 무노조 경영을 해온 삼성전자에도
드디어 양대 노총의 노조가 들어서는 획기적인 일이 벌어졌습니다.

무노조 경영에 종지부를 찍다

2019년 11월 삼성전자에 한국노총 산하 '전국삼성전자노동조합'이 공식 출범했습니다. '무노조 경영'을 고수해온 삼성전자에 양대 노총 산하 노조가 들어서는 것은 50년 만에 처음입니다. 삼성전자에는 이미 노조 세 곳이 활동 중이지만, 가입조합원이 30명 안팎에 불과했고, 모두 상급단체에 가입하지 않았습니다.

삼성전자는 국내 대규모 사업장 중 유일하게 양대 노총 노조가 없는 곳이었습니다. 삼성그룹 각 계열사에서는 그동안 민주노총이 노조를 설립하기 위해 노력해왔고, 이 과정에서 사측과 큰 갈등을 빚기도 했습니다. 이번에 설립된 한국노총 산하 노조는 기술직과 업무직이 중심이고, 민주노총은 생산직을 중심으로 한 추가적인 노조설립을 위한 노력을 계속하고 있는 중인 것으로 알려졌습니다.

노동조합을 결성할 권리

예전에는 한 회사에 하나의 노동조합만이 허용됐습니다. 이른바 '복수노조 금지' 조항이 노동조합법에 포함되어 있었고, 1997년에는 복수노조를 허용하는 개정안이 통과됐지만 계속 시행시기가 유예되다가 2011년 7월 1일이 되어서야 한 회사에 복수의 노조가 완전히 허용됐습니다.

과거 복수노조가 금지될 당시에는 회사에 우호적인 '어용노조'를 설립해 형식적으로만 노조활동을 하게 했으며, 진정성을 가지고 노력하는 '진성노조'가 들어서려고 하면, 복수노조 금지 조항에 의해 이를 막는 방식을 취했습니다.

삼성을 포함해 여러 대기업에는 회사에 우호적이거나 실질적인 활동이 거의 없는 노조가 이미 설립되어 있었고, 복수노조 금지 조항으로 인해 실질적으로 노동자들의 권익을 보호할 수 있는 노동조합이 설립되지 못했습니다. 근로자들이 "먼저 설립된 노조가 회사의 사주나 원조로 설립된 것이다"라고 주장하는 경우도 있었지만, 노조설립의 형식적인 요건을 충족하는 한 해당 노조를 없애고 새로운 노조를 설립하는 것은 불가능했습니다.

구 노동조합법(1997. 3. 1. 폐지)

제3조 (노동조합의 정의) 이 법에서 "노동조합"이라 함은 근로자가 주체가 되어 자주적으로 단결하여 근로조건의 유지개선과 근로자의 복지증진 기타 경제적·사회적 지위의 향상을 도모함을 목적으로 조직하는 단체 또는 그 연합단체를 말한다. 그러나 다음 각 호의 1에 해당하는 경우에는 그러하지 아니하다.

5. 조직이 기존 노동조합과 조직대상을 같이하거나 그 노동조합의 정상적 운영을 방해하는 것을 목적으로 하는 경우

여전히 교묘하게 노조활동 방해하기도

복수노조가 허용된 이후에는 회사가 실질적인 노조의 설립을 합법적으로 금지할 방법이 없어졌습니다. 그럼에도 불구하고 회사가 교묘한 방법으로 노조의 설립을 방해하거나 이미 설립된 노조를 파괴하려는 행위를 하는 경우가 있습니다. 이런 행위는 노동조합법상 부당노동행위에 해당해 2년 이하의 징역 또는 2천만 원 이하의 벌금에 처해질 수 있는 형사처벌 대상이 됩니다.

노조에 가입하지 않을 것을 조건으로 하거나, 또는 회사가 지정하는 특정 노조에 가입할 것을 조건으로 채용하는 일도 원칙적으로 금지되고 노조설립 방해와 동일하게 부당노동행위로 처벌이 됩니다.

노동조합 및 노동관계조정법(약칭 : 노동조합법)

제81조(부당노동행위) 사용자는 다음 각 호의 어느 하나에 해당하는 행위(이하 "부당노동행위"라 한다)를 할 수 없다.

1. 근로자가 노동조합에 가입 또는 가입하려고 하였거나 노동조합을 조직하려고 하였거나 기타 노동조합의 업무를 위한 정당한 행위를 한 것을 이유로 그 근로자를 해고하거나 그 근로자에게 불이익을 주는 행위
2. 근로자가 어느 노동조합에 가입하지 아니할 것 또는 탈퇴할 것을 고용조건으로 하거나 특정한 노동조합의 조합원이 될 것을 고용조건으로 하는 행위. 다만, 노동조합이 당해 사업장에 종사하는 근로자의 3분의 2 이상을 대표하고 있을 때에는 근로자가 그 노동조합의 조합원이 될 것을 고용조건으로 하는 단체협약의 체결은 예외로 하며, 이 경우 사용자는 근로자가 그 노동조합에서 제명된 것 또는 그 노동조합을 탈퇴하여 새로 노동조합을 조직하거나 다른 노동조합에 가입한 것을 이유로 근로자에게 신분상 불이익한 행위를 할 수 없다.

제90조(벌칙)
제44조제2항, 제69조제4항, 제77조 또는 제81조의 규정에 위반한 자는 2년 이하의 징역 또는 2천만 원 이하의 벌금에 처한다.

하지만 법이 노조활동을 방해하는 행위를 처벌하는 규정을 만들어도 예상하지 못하는 방법으로 실질적인 노조활동을 방해할 수 있습니다. 예를 들면, 한 회사에 복수의 노조가 존재할 경우 노사 협상의 효율성을 위해 교섭창구를 단일화해야 합니다. 이 과정에서 회사에 우호적인 노조가 교섭대표노조가 되도록 하는 방법으로 실질적인 노조의 활동을 방해하는 경우가 있었습니다. 이러한 행위는 현행법을 위반한다고 단정하기는 어려운데, 구체적인 사정에 따라서는 법원이 이를 문제 삼은 경우도 있습니다.

노동조합 및 노동관계조정법(약칭 : 노동조합법)

제29조의2(교섭창구 단일화 절차)
① 하나의 사업 또는 사업장에서 조직형태에 관계없이 근로자가 설립하거나 가입한 노동조합이 2개 이상인 경우 노동조합은 교섭대표노동조합(2개 이상의 노동조합 조합원을 구성원으로 하는 교섭대표기구를 포함한다. 이하 같다)을 정하여 교섭을 요구하여야 한다. 다만, 제2항에 따라 교섭대표노동조합을 자율적으로 결정하는 기한 내에 사용자가 이 조에서 정하는 교섭창구 단일화 절차를 거치지 아니하기로 동의한 경우에는 그러하지 아니하다.

더 나은 법을 위한 생각 나누기

회사가 노조의 활동을 방해하기 위해 노조 간부의 개인적인 위법 사항을 찾아내 수사기관에 고발하는 경우가 있습니다.
만약 이런 경우 고발이 적법한 행위일까요? 고소나 고발이 그 자체의 문제가 아닌, 다른 행위를 제한하기 위해서 이뤄지는 경우라면 법을 악용하는 사례라고 볼 수도 있습니다. 과연 이 경우 노조 간부를 수사하는 것이 괜찮은 것인지 생각해봐야 하겠습니다.

위험의 외주화,
하도급 금지

힘들게 일하는 노동자들의 사망 사건을 보면 늘 안타까운 마음이 듭니다.
더구나 이러한 사고가 단순히 본인의 작업상의 실수가 아니라,
전체적인 노동환경의 구조 때문이라면 안타까움이 더해집니다.
이러한 문제들이 가장 불거지는 때는 바로 '하도급'이 성행할 때입니다.
대형업체가 공사를 수주해 중소기업에게 일을 맡기면
제대로 된 안전장치가 미비할 수도 있고, 보상도 적을 수밖에 없습니다.
법률적으로 하도급을 금지하지만, 컨소시엄이라는 변형된 형태로
하도급의 구조를 이어가는 경우도 있습니다.

승강기 설치작업 근로자 추락 사망

경기도 평택시의 한 공사 현장에서 승강기 설치작업을 하던 40대 근로자가 추락, 사망한 사건이 발생했습니다. 이 사고의 원인은 여러 가지가 있겠지만, 승강기업계의 편법 하청구조가 원인이라는 지적이 있습니다.

승강기 설치공사는 하도급이 허용되지 않기 때문에 대형 승강기 제조업체들은 지역 중소 설치업체들과 '공동 수급방식'으로 사업을 따내는 경우가 많습니다. 그 결과 협력업체가 승강기 설치와 유지보수 등 현장의 위험을 모두 떠안게 되고, 이와 관련된 협력업체 근로자의 사고가 끊이지 않고 있습니다.

건설공사 하도급 금지와 컨소시엄을 이용한 편법 하도급

발주처는 일반적으로 수급을 받은 업체의 경력, 기술력, 인적 구성 및 자본 등을 고려해서 공사를 발주합니다. 그런데 수급을 받은 업체가 다른 업체에게 하도급을 줄 경우 발주처는 당초 원하는 업체가 아닌 다른 업체와 계약을 체결한 것과 동일한 효과가 발생합니다. 따라서 원칙적으로 건설공사의 하도급이 제한됩니다.

승강기 설치공사도 건설공사에 해당하기 때문에 발주처의 서면 승낙을 받지 않는 한 수급받은 업체가 직접 시공을 해야 합니다. 다만 공동수급체, 즉 컨소시엄을 구성해 낙찰을 받은 경우에는 컨소시엄 구성원끼리 대등한 관계에서 상호 업무를 분장해 시공할 수 있습니다. 발주 과정에서 컨소시엄 구성원을 미리 확인할 수 있고, 법률적으로 발주처가 개별 컨소시엄 구성원에게 직접 대금을 지급하면, 하도급과 같은 구조적인 문제가 사라질 수 있습니다. 그런데 형식은 컨소시엄이지만, 실제로는 대형업체가 중소업체인 컨소시엄 구성원에게 하도급을 주는 것과 같이 운영함으로써 하도급을 금지한 법률을 탈법적으로 우회하는 경우가 발생하고 있습니다.

건설산업 기본법

제29조(건설공사의 하도급 제한) ① 건설사업자는 도급받은 건설공사의 전부 또는 대통령령으로 정하는 주요 부분의 대부분을 다른 건설사업자에게 하도급할 수 없다. 다만, 건설사업자가 도급받은 공사를 대통령령으로 정하는 바에 따라 계획, 관리 및 조정하는 경우로서 대통령령으로 정하는 바에 따라 2인 이상에게 분할해 하도급하는 경우에는 예외로 한다.

② 수급인은 그가 도급받은 전문공사를 하도급할 수 없다. 다만, 다음 각 호의 요건을 모두 충족한 경우에는 건설공사의 일부를 하도급할 수 있다.

1. 발주자의 서면 승낙을 받을 것
2. 공사의 품질이나 시공상의 능률을 높이기 위하여 필요한 경우로서 대통령령으로 정하는 요건에 해당할 것(종합공사를 시공하는 업종을 등록한 건설사업자가 전문공사를 도급받은 경우에 한정한다)

'위험의 외주화'가 문제가 되는 이유

건설 현장에서 대형 승강기 설치업체가 아닌 중소기업이 승강기 설치공사를 실질적으로 담당하면서 근로자가 추락하는 등 사고가 끊이지 않고 발생하고 있습니다. 물론 대형 승강기 설치업체가 직접 시공하더라도 동일한 방식으로 공사를 할 경우에는 여전히 사고의 위험성이 존재하는 것이 아닌가 하는 의문이 들 수도 있습니다.

하지만 대형 설치업체가 공사를 하는 경우와 중소 설치업체가 공사를 하는 경우는 몇 가지 차이가 있습니다. 우선 피해 근로자의 입장에서는 대형 설치업체에 비해 중소 설치업체가 상대적으로 건실하지 못하거나 산재보상에 소극적이어서 피해 보상이 제대로 이뤄지지 않을 수 있습니다. 또 하도급으로 중소 설치업체가 마진이 적은 상태에서 공사를 진행할 경우에는 추락 방지망 설치 등 시간과 비용이 드는 안전 작업을 생략한 채 공사를 진행해 사고의 위험성이 높아질 수 있습니다.

사고에 따른 법적 책임의 문제도 있습니다. 근로자의 사고에 책임을 지는 업체는 안전관리규정 위반으로 7년 이하의 징역 또는 1억 원 이하 벌금의 처벌을 받을 수 있고, 추후 다른 공사를 수주할 때 감점을 받을 수 있습니다. 이 경우 이러한 책임을 중소 설치업체가 떠안고, 하도급을 준 대형업체는 그러한 처벌을 피하고 계속 다른 공사를 수주할 수 있게 됩니다. 결국, 이렇게 사고가 반복되는 구조가 계속될 수 있다는 의미입니다.

산업안전보건법

제23조(안전조치) ③ 사업주는 작업 중 근로자가 추락할 위험이 있는 장소, 토사·구축물 등이 붕괴할 우려가 있는 장소, 물체가 떨어지거나 날아올 위험이 있는 장소, 그 밖에 작업 시 천재지변으로 인한 위험이 발생할 우려가 있는 장소에는 그 위험을 방지하기 위하여 필요한 조치를 하여야 한다.

제66조의2(벌칙) 제23조제1항부터 제3항까지 또는 제24조제1항을 위반하여 근로자를 사망에 이르게 한 자는 7년 이하의 징역 또는 1억 원 이하의 벌금에 처한다.

더 나은 법을 위한 생각 나누기

특정 사업을 위한 인허가 요건이 엄격하면 신규업체가 진입하기 힘들고, 대형업체들이 이를 독점할 가능성이 있습니다. 결국, 이러한 구조가 '불법 하도급'을 만드는 배경이 되기 때문에 신규진입업체의 사업 활성화를 위해 규제를 철폐해야 한다는 주장이 있습니다.

그러나 하도급을 막기 위해 규제를 풀어 신규업체들이 시장에 진입할 수 있도록 해야 한다는 주장은 본말이 전도된 감이 있습니다. 실제로 필요한 규제인지를 먼저 살펴봐야 하고, 만일 산업의 특성상 또는 안전을 위해 그런 규제가 필요하다면 이러한 자격을 갖춘 업체가 도급계약을 체결할 수 있도록 하는 것이 맞을 것입니다.

관련 산업을 육성하거나 신규업체들을 지원하는 문제는 안전을 희생하는 방법이 아니라 다른 방식으로 강구되어야 합니다. 변칙적인 하도급을 막기 위해서는 실제 산업에서 규제를 피해 나가는 현실을 정확히 파악하고, 이에 맞는 처방전을 내려야 할 것입니다.

아이 때문에 공휴일에는

일할 수 없었던 워킹맘 수습사원

'워킹맘'들은 늘 직장생활과 육아에 대한
팽팽한 긴장감 속에서 살아가야만 합니다.
또 아이 때문에 경력이 단절되면 정규직을 얻기도 어렵습니다.
최근 통계청의 자녀별 여성 고용지표에 따르면,
월급쟁이 워킹맘 중 28%가 임시·일용직에 종사한다고 합니다.
아이가 있는 여성들도 사회생활을 할 수 있도록 워킹맘에게는
혜택과 배려가 있어야 한다는 인식이 확대되고 있기는 하지만,
공휴일이나 임시 휴일에 출근해야 하는 상황이 닥치면
아이를 맡길 곳이 마땅하지 않은 등 워킹맘의 현실은
그리 녹녹하지 않습니다.
최근 한 워킹맘의 부당해고에 관한 소송에서는
1심과 2심의 판단이 엇갈려 혼란이 생기기도 했습니다.

워킹맘 수습사원 해고

고속도로 영업소의 수습사원으로 입사한 워킹맘에 대해 회사가 수습기간이 끝난 후 정식사원 채용을 거부하고 근로계약을 해지했습니다. 이 사건에서 워킹맘은 애초 오전 9시부터 오후 6시까지 일하고, 주휴일과 근로자의 날에만 쉬는 조건으로 근로계약을 맺었습니다. 하지만 근로자의 날 외에도 석가탄신일과 어린이날, 대통령 선거일, 현충일 등에 출근하지 않았고, 오전 7시부터 오후 2시까지 근무하는 초번 근무도 수행하지 않았다는 것이 회사의 정식채용 거부 사유였습니다.

이에 워킹맘은 구제 신청을 했는데, 지방노동위원회에서는 청구를 기각했고, 중앙노동위원회에서는 부당해고라고 판단했습니다. 이어진 소송에서 행정법원에서도 부당해고라고 판결했지만, 다시 고등법원에서는 부당해고가 아니라고 판단했습니다.

엄마도 일하고 싶다!
워킹맘의 고용과 관련해 사회적인 합의와 정책이 필요한 이유

수습사원에 대한 채용 거부가 부당해고에 해당하는 경우

근로기준법에는 '수습기간' 또는 '시용기간試用期間'이라는 표현을 사용하지 않고, 또 정식사원의 채용거부에 대해서도 언급이 없습니다. 그런데 판례는 "시용기간 중에 있는 근로자를 해고하거나 시용기간 만료 시 본 계약의 체결을 거부하는 것은 사용자에게 유보된 해약권의 행사로서, 당해 근로자의 업무능력, 자질, 인품, 성실성 등 업무 적격성을 관찰·판단하려는 시용 제도의 취지·목적에 비추어 볼 때 보통의 해고보다는 넓게 인정되나, 이 경우에도 객관적으로 합리적인 이유가 존재하여 사회통념상 상당하다고 인정되어야 할 것(대법원 2003. 7. 22. 선고 2003다5955 판결 등)"이라고 판단하고 있습니다.

따라서 정식사원 채용거부도 일반 해고보다는 요건이 다소 완화되어 있지만, 그럼에도 불구하고 합리적인 이유가 없으면 부당해고에 해당하게 됩니다.

근로기준법

제23조(해고 등의 제한) ① 사용자는 근로자에게 정당한 이유 없이 해고, 휴직, 정직, 전직, 감봉, 그 밖의 징벌(懲罰)(이하 "부당해고 등"이라 한다)을 하지 못한다.

부당해고인지 여부를 다투려면 어떻게 해야 할까요? 우선 부당해고 사건의 절차에 대해 설명을 드리겠습니다. 여기에는 총 5단계의 절차를 거쳐야 하는 경우가 있어 단계별로 판단이 다를 수 있습니다. 우선 지방노동위원회의 구제절차를 거치게 되는데, 그 결정에 대해 중앙노동위원회의 재심판정을 구할 수 있습니다. 그리고 다시 재심판정에 대해 행정소송을 제기할 수 있고, 그 결과에 대해서는 다시 고등법원 및 대법원의 판단을 받을 기회가 있기 때문에 총 5단계의 절차가 마련되어 있습니다. 따라서 부당해고 사건은 수년의 시간이 소요되는 경우가 많습니다.

일과 양육 양립을 위한 노력 : 국가와 사업주의 의무

이 뉴스를 좀 더 들여다보면, 1심인 행정법원은 부모의 '자녀 양육권'을 회사가 배려하지 않았다고 판단했는데, "회사가 수습평가 과정에서 일·가정 양립을 위한 배려나 노력을 하지 않아 실질적으로 '근로자의 의무'와 '어린 자녀의 양육' 중 하나를 택일하도록 강제했다"라는 것이었습니다. 반면 2심에서는 "직원이 먼저 상황을 타개하려고 노력하지 않았다"라며 회사의 손을 들어 주었습니다. "회사에 자녀 양육 때문에 공휴일 근무가 불가능하다는 사정을 설명하거나 이를 해결하려는 조치로 연차휴가의 사용 등을 요청했다고 볼 만한 자료가 없다. 회사가 그런 사정을 먼저 파악하고 해결할 것을 기대하기는 곤란하다"라고 판단했습니다.

남녀고용평등과 일·가정 양립 지원에 관한 법률은 사업주와 국가로 하여금 근로자의 일과 가정의 양립을 지원함으로써 모든 국민이 삶의 질의 향상을 추구할 수 있게 하고 있습니다. 구체적으로는 육아휴직 허용, 육아기 근로시간 단축, 직장어린이집 설치 등의 조치를 취할 의무를 부여합니다. 앞의 사안에서 1, 2심 판결이 엇갈리면서, 회사의 의무가 어느 범위인지에 대한 논란은 대법원으로 넘어가게 됐습니다.

기존의 업무 관행을 고려하면 워킹맘에 대한 배려가 무엇인가 특혜를 주는 것으로 보일 수 있습니다. 그러나 우리 사회가 육아를 여성의 책임으로만 미루고, 이윤을 창출하는 회사는 육아를 책임지는 여성을 받아들일 수 없다고만 한다면, 맞벌이 부부, 워킹맘, 워킹대디 등이 정상적으로 직장생활을 하기는 어려울 수밖에 없습니다. 남녀고용평등과 일·가정 양립 지원에 관한 법률을 둔 것은 당장 회사나 다른 직원이 조금 불편하더라도 우리 사회의 미래를 위해 일과 가정의 양립을 위해 노력해야 한다는 우리 사회의 합의에 근거한 것입니다. 이 법의 규정이 단순한 선언이나 시혜적인 규정에 그치는 것이 아니라, 실질적이고 구체적인 대안으로 구현될 수 있어야 하겠습니다.

남녀고용평등과 일·가정 양립 지원에 관한 법률(약칭 : 남녀고용평등법)

제5조(근로자 및 사업주의 책무)

③ 사업주는 일·가정의 양립을 방해하는 사업장 내의 관행과 제도를 개선하고 일·가정의 양립을 지원할 수 있는 근무환경을 조성하기 위하여 노력하여야 한다.

더 나은 법을 위한 생각 나누기

이 사안에서는 공휴일에도 모두 근무하도록 작성된 근로계약과 순번제로 아침 7시에 근무하게 한 근로조건을 지키지 못한 것이 해고의 정당한 이유라고 볼 수 있는지, 또 워킹맘이 근로할 수 있는 여건을 마련해줄 회사의 의무가 있는지에 관해 노동위원회와 법원의 판단이 달랐습니다. 일요일과 근로자의 날을 제외한 모든 공휴일에도 근무하게 하는 근로조건이 포함된 근로계약서 자체를 생각해봅시다. 이러한 계약은 워킹맘만이 아니라 일반인도 제대로 이행하기 어렵습니다. 휴일에 근무해야 하는 직종이라면 주중에 대체 휴가를 주거나 다른 방법으로 정상적인 근로를 제공할 수 있는 업무 환경을 만들어줘야지, 업무의 특수성만을 주장하는 것은 정당하지 않을 것입니다.

특히 해당 워킹맘은 업무수행능력이 70% 이상으로 우수했고, 어느 평가자로부터는 '탁월하다'라는 평가를 받기도 했는데, 이러한 인재는 회사를 위해 일할 수 있게 하는 것이 장기적으로 회사에도 이익이 되지 않았을까 하는 안타까운 마음을 더해봅니다.

회식 후 무단횡단하다 사망한 공무원

공무원이 공무로 사망하면 이에 대해 국가는 보상금을 지불합니다.
사고가 근무시간 중에 발생한 것이 아니고 출퇴근길에 일어나
사망을 했더라도 공무를 수행하기 위해 출퇴근하던 중이었다면
그 유족은 유족급여와 유족보상금을 받을 수 있습니다.
그런데 동료들과 술자리를 가지던 중이나
술자리를 파하고 집에 오는 길에 음주운전을 하다가 사고가 났다면
순직이라고 보기 어렵습니다.
만일 사적인 술자리가 아니라 공식적인 회식이었다면 어떻게 될까요?
공식적인 회식 후에 정상적으로 귀가하는 중이었다면,
또는 무단횡단을 하다가 사고를 당했다면 어떻게 될까요?
순직이 인정되는지 여부에 따라
유족이 받을 수 있는 급여에 상당한 차이가 난다는 점에서
이는 당사자들에게는 중요한 문제가 아닐 수 없습니다.

무단횡단 경찰관 사망 사건

교통조사계 경찰관으로 근무하던 A씨는 2017년 11월 주간근무가 끝난 후 팀원들과 회식을 하며 술을 마시다가 먼저 집에 가겠다며 중간에 나왔습니다. 이후 본인 차량이 세워진 곳으로 이동하던 중 무단횡단했는데, 이때 지나가던 과속 차량에 치여 사망하고 말았습니다.

사고 후 유족들은 '공무상 부상'으로 사망했다고 주장하며 순직으로 인한 유족보상금을 지급해 달라고 공단에 요청했지만, 법원은 이러한 유족의 주장을 받아들이지 않았습니다.

퇴근하다 사고를 당한 공무원에게 순직이 인정되려면? 순직공무원과 유족급여·유족보상금

재직 중 공무로 사망한 공무원은 순직공무원이 되고, 그 가족에게는 순직유족급여(순직유족연금과 순직유족보상금)가 지급됩니다. 공무상 사고는 공무수행 또는 그에 따르는 행위를 하던 중 발생한 사고, 통상적인 경로와 방법으로 출퇴근하던 중 발생한 사고, 또는 그 밖에 공무수행과 관련해 발생한 사고를 의미합니다. 하지만 공무와 사망 사이에 상당한 인과관계가 없는 경우에는 공무상 사고로 보지 않습니다.

공무원 재해보상법

제3조(정의) ① 이 법에서 사용하는 용어의 뜻은 다음과 같다.

3. "순직공무원"이란 다음 각 목의 어느 하나에 해당하는 공무원을 말한다.

가. 재직 중 공무로 사망한 공무원

나. 재직 중 공무상 부상 또는 질병으로 사망한 공무원

다. 퇴직 후 나목에 따른 부상 또는 질병으로 사망한 공무원

공무원 재해보상법

제4조(공무상 재해의 인정기준) ① 공무원이 다음 각 호의 어느 하나에 해당하는 부상을 당하거나 질병에 걸리는 경우와 그 부상 또는 질병으로 장해를 입거나 사망한 경우에는 공무상 재해로 본다. 다만, 공무와 재해 사이에 상당한 인과관계가 없는 경우에는 공무상 재해로 보지 아니한다.

1. 공무상 부상 : 다음 각 목의 어느 하나에 해당하는 사고(이하 "공무상 사고"라 한다)로 인한 부상
가. 공무수행 또는 그에 따르는 행위를 하던 중 발생한 사고
나. 통상적인 경로와 방법으로 출퇴근하던 중 발생한 사고
다. 그 밖에 공무수행과 관련하여 발생한 사고

공식적인 회식은 공무수행에 해당하는 것으로 보기 때문에 회식 과정에서 발생한 사고는 원칙적으로 공무상 사고로 봅니다. 또 통상적인 경로와 방법으로 출퇴근하던 중 발생한 사고로 인해 사망한 것도 공무로 인한 사망에 포함하기 때문에 공식적인 회식을 마치고 평상시와 같은 방법으로 퇴근을 하던 중 사고가 발생했다면 역시 공무상 사고로 인정될 수 있습니다.

하지만 모든 출퇴근 사고가 공무상 사고에 포함되는 것은 아닙니다. '통상적인 경로와 방법으로 출퇴근하던 중 발생한 사고'여야 하고

'공무와 사망 사이에 상당한 인과관계'가 있어야 합니다. 회식 후 퇴근길에 무단횡단을 했다면 통상적인 경로와 방법으로 출퇴근을 한 것으로 보기 어렵게 됩니다. 만약 회식 과정에서 강제로 술을 마시게 됐다면 달리 판단할 여지가 있지만, 자발적으로 음주를 했다면 무단횡단은 통상적인 회식 과정에서 수반되는 위험이라고 보기 어렵습니다.

만약 해당 공무원이 회식 후에 대중교통이나 대리운전을 이용하다가 사고가 났다면 공무상 사고에 해당됐을 가능성이 높습니다. 하지만 10차선 도로를 무단횡단하는 과정에서 사고가 난 것은 공무와 사망 사이에 상당한 인과관계가 존재한다고 보기 어려워 순직으로 인정받지 못하게 된 것입니다.

순직으로 인정되면 유족은 순직유족연금과 순직유족보상금을 받게 되는데, 순직한 공무원이 생전에 받던 급여의 약 30% 정도를 매월 연금으로 수령하게 됩니다. 이 경우 공무원연금과 중복해서 받지는 못하고 둘 중에 보다 큰 금액을 받게 됩니다.

순직이 아닌 경우에는 공무원 재해보상법상의 유족급여는 받지 못하고, 일반적인 공무원 연금을 받게 됩니다. 공무원 연금은 본인이 매월 납부한 연금 액수에 비례해 유족이 연금을 받기 때문에 사망한 공무원의 재직기간이 길지 않은 경우에는 유족이 받게 되는 연금은 순직유족연금에 비해 상당히 적은 금액입니다.

더 나은 법을 위한 생각 나누기

예전에 비해 공식적인 회식 자리가 많이 줄어든 것이 사실이지만, 회사에 따라서는 회식을 여전히 하고 직원들의 참석이 강요되는 경우도 많습니다. 이러한 공식적인 회식은 시간외수당, 야간수당을 주는 근무시간에 포함되어야 한다는 주장이 있으나, 아직까지 이러한 주장이 받아들여지지는 않고 있습니다. 회식에 참석할 의무가 있는 것도 아니고, 음주가 강요되지도 않는다고 하더라도, 사회생활을 하면서 거절하는 것이 쉽지 않은 경우도 많습니다.

이와 관련해 최근 개정된 근로기준법에는 이른바 '직장 내 괴롭힘 금지' 조항을 두어 회사 내 갑질을 금지하고 있습니다. 그런데 현장에서는 이 법이 실시된 이후에도 직장 내 괴롭힘이 줄었다고 체감하지 못하고 있다는 보도가 많습니다. 어떠한 개선이 필요한지에 대한 심도 있는 논의가 필요한 상황입니다.

공공영역의 파업 : 노동자의 권리 VS. 국민의 편익

파업이 노동자들의 정당한 권리라는 사실은

누구나 잘 알고 있습니다.

그런데 노동자들이 파업을 하면

제조물의 생산이나 고객 서비스에 큰 차질이 발생합니다.

만약 공공 부문에서 파업을 하면

일반 국민들이 피해를 받는다는 비판에 직면합니다.

철도노조의 파업이 대표적인 경우입니다.

국민의 피해를 줄이려면 파업에 대체인력을 투입하면 되겠지만,

다른 한편에서 보면 이는 노동자의 정당한 권리인 파업을

무력화시키는 결과를 가져오게 됩니다.

실제 이번 파업에서 군 인력을 투입했다는 이유로

철도노조는 국토교통부와 국방부 장관을 직권 남용혐의로 고발을 했습니다.

노동자들의 파업권, 그리고 국민을 불편하지 않게 하려는 정부.

과연 이 문제는 어떻게 해결해야 할까요?

철도노조 파업과 대체인력 투입

지난 2019년 11월 20일 전국 철도노조가 인력충원과 임금인상 등을 요구하며 무기한 전면 파업에 들어갔습니다. 노조는 "최종 교섭이 결렬된 것은 국토부가 이낙연 국무총리의 당부에도 4조 2교대에 필요한 안전인력 증원안을 단 한 명도 제시하지 않았기 때문"이라며 "KTX-SRT 고속철도 통합에 대해서도 어떤 입장도 제시하지 않았다"라고 주장했습니다.

이에 대해 사측은 '총인건비 정상화'의 경우, 기획재정부의 지침에 구속받는 사안이 아니며, '자회사 직원 직고용', 'KTX-SRT 통합' 등은 코레일 노사 차원의 논의 범위가 아니라고 강조했습니다.

공익사업에 대한 파업과 그 제한

노동조합의 파업은 헌법이 보장하는 근로 3권, 즉 단결권, 단체행동권, 단체교섭권 중 단체행동권에 의한 것으로 합법적인 행위입니다. 그러나 이들 노동자들이 공익사업을 수행하는 경우에는 파업을 할 때 일정한 제한이 있습니다. 즉, '필수공익사업'에서는 파업을 하더라도 '필수유지업무'의 정당한 유지·운영을 정지·폐지 또는 방해하는 행위를 할 수 없고, 정해진 '필수유지업무수준'을 준수해야 합니다.

노동조합의 파업은 최후의 수단이면서 동시에 최고의 수단이지만, 전면파업을 하지 못하고 일정한 수준은 업무를 해야 한다면 그 효과가 감소할 수밖에 없습니다. 필수유지업무수준은 근로자의 단체행동권과 국민의 일상생활 등을 모두 고려한 타협의 산물이라고 할 수 있습니다.

철도사업은 이러한 필수공익사업에 해당하고, 철도의 운전, 운행의 관제, 신호시설·설비 유지·관리 업무 등은 필수유지업무에 해당합니다. 또한, 철도의 '필수유지업무수준'은 현재 광역전철 63.0%, 고속 56.9%, 새마을 59.5%, 무궁화 63.0%입니다. 즉 철도노조는 파업을 하더라도 고속철의 경우 56.9% 이상은 운행을 할 수 있도록 파업 중 근로할 조합원을 정해야 합니다.

실제로는 노조가 전면파업을 하지 않거나 사측이 대체인력을 투입하는 방법으로 파업 초기에는 필수유지업무수준보다 훨씬 높은 수준인 80~90%의 운행률을 유지합니다. 하지만 파업이 장기화될 경우 대체인력의 피로도나 안전 운행 확보를 위해 점차 운행률이 낮아져서 필수유지업무수준까지 떨어질 수 있습니다.

노동조합 및 노동관계조정법(약칭 : 노동조합법)

제42조의2(필수유지업무에 대한 쟁의행위의 제한) ① 이 법에서 "필수유지업무"라 함은 제71조제2항의 규정에 따른 필수공익사업의 업무 중 그 업무가 정지되거나 폐지되는 경우 공중의 생명·건강 또는 신체의 안전이나 공중의 일상생활을 현저히 위태롭게 하는 업무로서 대통령령이 정하는 업무를 말한다.

② 필수유지업무의 정당한 유지·운영을 정지·폐지 또는 방해하는 행위는 쟁의행위로서 이를 행할 수 없다.

노동조합 및 노동관계조정법(약칭 : 노동조합법)

제42조의3(필수유지업무협정)
노동관계 당사자는 쟁의행위기간 동안 필수유지업무의 정당한 유지·운영을 위하여 필수유지업무의 필요 최소한의 유지·운영 수준, 대상직무 및 필요인원 등을 정한 협정(이하 "필수유지업무협정"이라 한다)을 서면으로 체결하여야 한다. 이 경우 필수유지업무협정에는 노동관계 당사자 쌍방이 서명 또는 날인하여야 한다.

제71조(공익사업의 범위 등) ② 이 법에서 "필수공익사업"이라 함은 제1항의 공익사업으로서 그 업무의 정지 또는 폐지가 공중의 일상생활을 현저히 위태롭게 하거나 국민경제를 현저히 저해하고 그 업무의 대체가 용이하지 아니한 다음 각 호의 사업을 말한다.
1. 철도사업, 도시철도사업 및 항공운수사업
2. 수도사업, 전기사업, 가스사업, 석유정제사업 및 석유공급사업
3. 병원사업 및 혈액공급사업
4. 한국은행사업
5. 통신사업

필수공익사업별 필수유지업무(시행령 별표 2)

1. 철도사업과 도시철도사업의 필수유지업무
가. 철도·도시철도 차량의 운전 업무
나. 철도·도시철도 차량 운행의 관제 업무(정거장·차량기지 등에서 철도신호 등을 취급하는 운전취급 업무를 포함한다)
다. 철도·도시철도 차량 운행에 필요한 전기시설·설비를 유지·관리하는 업무
라. 철도·도시철도 차량 운행과 이용자의 안전에 필요한 신호시설·설비를 유지·관리하는 업무
마. 철도·도시철도 차량 운행에 필요한 통신시설·설비를 유지·관리하는 업무
바. 안전 운행을 위하여 필요한 차량의 일상적인 점검이나 정비 업무
사. 선로점검·보수 업무

파업과 대체인력의 투입

노동조합이 파업을 하는 경우, 사측이 대체인력을 전면적으로 투입하는 방법을 사용하면 노조의 파업이 무력화될 수 있습니다. 이렇게 되면 단체행동권이 실질적으로 보장받지 못하는 결과를 가져옵니다. 이런 이유로 노동조합법은 사측이 파업으로 중단된 업무 수행을 위해 당해 사업과 관계없는 자를 채용 또는 대체할 수 없고, 업무를 도급 또는 하도급 줄 수 없도록 규정하고 있습니다. 즉, 비노조원을 투입하는 것은 가능하지만 임시로 대체인력을 채용하거나 외주를 주

는 것은 금지되어 있습니다.

다만, 철도와 같은 필수공익사업의 경우는 이러한 제한이 적용되지 않아 대체인력 채용이나 하도급이 가능하지만, 100% 대체하는 것은 허용하지 않고 파업참가자의 50%까지만 대체가 가능합니다. 이렇게 해도 파업 전과 동일한 수준으로 운행하기는 힘들기 때문에 그 결과 노조의 단체행동권의 효과도 일정 부분 유지할 수 있습니다. 이는 일반사업에서 대체인력 투입이 제한되는 것과 큰 차이를 보입니다. 공공부문의 경우, 헌법에서 보장하는 국민의 기본권이 일정한 제한을 받을 수 있기 때문에 이러한 대체인력 투입이 허용된다고 보면 됩니다. 다만, 대체인력 투입을 어느 정도까지 허용하는 것이 단체행동권의 본질을 제한하지 않는 것인지는 헌법에 명확한 기준이 제시되어 있지 않기 때문에 현재의 50% 수준이 과도한 것이 아닌지는 논란이 있습니다.

노동조합 및 노동관계조정법(약칭 : 노동조합법)

제43조(사용자의 채용제한) ① 사용자는 쟁의행위기간 중 그 쟁의행위로 중단된 업무의 수행을 위하여 당해 사업과 관계없는 자를 채용 또는 대체할 수 없다.

② 사용자는 쟁의행위기간 중 그 쟁의행위로 중단된 업무를 도급 또는 하도급 줄 수 없다.

③ 제1항 및 제2항의 규정은 필수공익사업의 사용자가 쟁의행위기간 중에 한하여 당해 사업과 관계없는 자를 채용 또는 대체하거나 그 업무를 도급 또는 하도급 주는 경우에는 적용하지 아니한다.

④ 제3항의 경우 사용자는 당해 사업 또는 사업장 파업참가자의 100분의 50을 초과하지 않는 범위 안에서 채용 또는 대체하거나 도급 또는 하도급 줄 수 있다. 이 경우 파업참가자 수의 산정 방법 등은 대통령령으로 정한다.

더 나은 법을 위한 생각 나누기

철도나 지하철 파업 등으로 불편을 경험하신 적이 있으신가요? 직접 겪고 나서 노조가 왜 파업을 하는지 궁금해지셨다는 분도 계셨고, 대체 교통수단을 이용하는 것이 매우 불편했다는 분도 계셨고, 특별히 큰 불편을 느끼지 못했다는 분도 계셨습니다.

국민의 피해를 고려해 필수공익사업에 대해서는 전면적인 노동조합의 파업을 금지하는 법률을 만들면 어떻게 될까요? 현재의 파업 제한은 파업의 효과를 충분히 달성할 수 있도록 규정되어 있다고 생각하시는지요? 만일 노동조합법령에서 필수공익사업의 필수업무유지 수준을 80~90% 수준으로 올리거나 대체인력의 투입을 80~90% 수준까지 허용하게 되면 이는 파업을 금지하는 것과 어떤 차이가 있을까요?

컴플라이언스란 무엇인가?

최근 들어 대기업들이 컴플라이언스 위원회를 설치하고, 컴플라이언스 시스템을 구축하고 있다는 기사들이 자주 소개됩니다. 이 경우 컴플라이언스는 준법경영 또는 준법감시로 번역할 수 있습니다. 쉽게 말하면, 법을 준수하기 위한 예방 활동입니다.

대다수의 국민과 기업은 법을 지키려고 노력하기 때문에 컴플라이언스라는 것이 별로 새로울 것도 없어 보이기도 합니다. 도대체 컴플라이언스가 무엇이기에 대기업들이 시간과 비용을 들이는 것일까요?

기업 경영을 위한 필수 요건이 된 컴플라이언스

기업이 법을 지키지 않으면 처벌을 받을 수 있고 때로는 사업에 큰 영향을 미칠 정도로 과중한 경제적 부담을 지기도 합니다. 기업들이 국경을 넘어 외국에서도 활발히 영업활동을 하면서 준법경영의 문제는 국내에서는 물론, 외국에서도 중요한 이슈가 됩니다. 컴플라이언스는 선택 사항이 아니라, 이제 기업의 생존을 위해 필수적인 요건이 되고 있습니다. 기업은 이러한 위법행위를 미연에 방지하고, 설사 위법행위가 발생했다고 하더라도 처벌을 감면받기 위해 컴플라이언스 활동을 하는 것입니다.

수사나 재판과정에서 중요한 것은 증거입니다. 범죄를 저질렀는지 여부를 확인하는 증거뿐만이 아니라 처벌을 감면받을 수 있는 사유도 증거가 필요한데, 대기업은 컴플라이언스 활동을 통해 처벌 감면을 받을 수 있는 증거들을 축적하고 있습니다.

안타까운 점은 중소기업이나 소상공인의 경우는 경영여건이 좋지 않아 컴플라이언스를 위한 비용을 투자하기가 어려운 경우가 대부분이고, 어떠한 노력을 해야 하는지도 알기 어렵다는 점입니다.

회사의 처벌 감면을 위해 필요한 요소

그렇다면 법원은 어떤 컴플라이언스 활동을 감안해 기업의 위법행위에 대한 처벌을 감면하는 것일까요? 판결을 통해 확인된 몇 가지 요건을 간단히 소개하면, ① 사업과정에서 법을 위반할 수 있는 위험 영역이 무엇인지 확인하고, 임직원이 위반행위를 하지 않도록 내부 규정을 제정해 교육을 하며, ② 평소에 임직원들이 위반행위를 하지 않는지 점검을 하고, ③ 만약 위반행위가 확인됐을 경우 추후 그러한 위반행위가 다시 발생하지 않도록 적절한 조치를 취하며, ④ 당해 사건에서 위반행위를 확인한 후에 자발적인 신고나 자수 등의 조치를 취했는지 여부 등을 종합적으로 고려합니다.

첫 번째 단계인 법 위반 위험 영역을 확인하는 것부터 전문가의 도움을 받지 않고는 쉽지 않지만, 가능한 노력을 하는 것부터 시작입니다. 예를 들어, 건강기능식품을 파는 회사는 허위, 과장 광고로 인한 처벌이 문제가 될 수 있습니다. 따라서 회사는 판매원이나 대리점들을 대상으로 허위, 과장 광고를 하지 않도록 교육을 하고, 그 교육 자료와 참석자 명단을 기록으로 남겨두는 것이 좋습니다. 이후 위반행위에 대한 점검이나 위반행위 적발 및 사후 조치와 관련된 자료도 마찬가지입니다. 만약 이러한 사실이 법적으로 문제가 되어 수사를 받게 된다면 회사는 준법경영을 위한 노력들을 증거로 제시하면서 "회사로서는 최대한 판매원의 위법행위를 방지하기 위해 노력을 했지만, 해당 판매원이나 대리점이 회사의 방침을 위반하면서 일탈행위를 한 것이다"라고 주장할 수 있을 것입니다.

미국 등 선진국에서는 이러한 컴플라이언스의 중요성이 대두된 지가 오래됐습니다. 우리나라에서는 최근 몇 년간 대기업을 중심으로 컴플라이언스에 관심을 보이고 있으며, 필요성 및 효과에 대한 인식이 확산하고 있습니다. 수사를 받게 되면 훌륭한 변호사를 찾으면 되는 것 아니냐고 생각할 수도 있지만, 그 변호사에게 무기를 쥐여줘야 성공의 가능성이 커집니다. 법을 위반하지 않으면 된다고 생각하실 수 있겠지만 기업의 활동 영역이 확대될수록, 사회의 청렴도가 높아질수록 위법행위가 문제될 가능성이 커지고, 기업에 미치는 영향도 더욱 커집니다.

PART 4. 성범죄 없는

세상을 위한 법

레깅스 입은 여성을

몰래 촬영하더라도 무죄?

몰래카메라를 이용한 디지털 성범죄에 피해를 당하는
여성들이 늘어나고 있습니다.
공공장소에서 핸드폰이나 카메라를 이용해 상대의 동의를 받지 않고
타인의 신체를 찍는 것은 초상권 침해로 민사상 손해배상의 대상이
되는 것 이외에 형사처벌을 받을 수도 있습니다.
형사처벌 여부는 몰래 찍은 사진이 성적 욕망 또는 수치심을
유발하는 것이어야 합니다.
성적 욕망 또는 수치심을 유발하는 사진은
누구를 기준으로 판단해야 할까요?
실제 이러한 논란이 레깅스를 입고 가던 여성의 뒷모습을
촬영한 사건에서 불거졌습니다.

레깅스 몰카에 대한 무죄 판결

30대 남성이 버스 안에서 레깅스를 입은 여성의 하반신을 동영상으로 촬영하다 현장에서 경찰에 검거되어 기소됐습니다. 1심에서는 벌금 70만 원의 유죄가 선고됐지만, 2심 법원은 레깅스가 일상복으로 활용되고 있고, 몰래한 촬영이 성적 수치심을 주었다고는 단정하기 어렵다는 이유로 무죄를 선고했습니다.

유사한 사안에서 법원의 판단이 일관되어 보이지는 않습니다. 지난해 11월에는 무음 카메라로 같은 반 여학생들의 발만 364회 찍은 남학생에게 유죄가 선고되었습니다. 이번 레깅스 판결로 재판부가 불법 촬영을 용인한 것이 아니냐는 비판이 일고 있습니다.

타인의 신체 부위를 몰래 찍은 행위가 범죄가 되려면 – 성적 욕망 또는 성적 수치심의 기준

몰래카메라에 대한 처벌

허락받지 않고 타인의 신체를 촬영할 경우, 초상권 침해로 손해배상 책임을 물을 수는 있지만, 항상 형사처벌의 대상이 되지는 않습니다. 몰카, 즉 상대방 몰래 그 신체를 촬영하는 것이 사회적으로 문제가 되면서 성폭력처벌법에 이를 처벌하는 규정이 들어가기는 했습니다. 하지만 성폭력처벌법으로 처벌하려면 촬영대상자의 의사에 반해 촬영했다는 점 이외에도 촬영의 대상이 된 사람의 신체가 '성적 욕망 또는 수치심을 유발할 수 있는' 것이어야 합니다.

성적 욕망 또는 수치심을 유발하는지 여부와 관련해서 판례는 피해자의 옷차림, 노출 정도, 의도와 경위, 장소, 각도, 거리 등을 기준으로 판단한다는 기준을 제시하고 있습니다. 하지만 구체적인 사건별로 결론이 다른 경우가 많아서 일률적인 판단 기준이 필요하다는 지적이 있습니다. 참고로, 불법 촬영한 사진이나 동영상을 배포하는 경우는 물론, 동의를 받고 촬영했더라도 동의 없이 배포하는 경우에는 처벌합니다. 특히 음란 사이트, 파일공유 사이트 등을 통해 영리를 목적으로 배포할 경우에는 더 무거운 처벌을 받습니다.

폭력범죄의 처벌 등에 관한 특례법(약칭 : 성폭력처벌법)

제14조(카메라 등을 이용한 촬영) ① 카메라나 그 밖에 이와 유사한 기능을 갖춘 기계장치를 이용하여 성적 욕망 또는 수치심을 유발할 수 있는 사람의 신체를 촬영대상자의 의사에 반하여 촬영한 자는 5년 이하의 징역 또는 3천만 원 이하의 벌금에 처한다.
② 제1항에 따른 촬영물 또는 복제물(복제물의 복제물을 포함한다. 이하 이 항에서 같다)을 반포·판매·임대·제공 또는 공공연하게 전시·상영(이하 "반포 등"이라 한다)한 자 또는 제1항의 촬영이 촬영 당시에는 촬영대상자의 의사에 반하지 아니한 경우에도 사후에 그 촬영물 또는 복제물을 촬영대상자의 의사에 반하여 반포 등을 한 자는 5년 이하의 징역 또는 3천만 원 이하의 벌금에 처한다.
③ 영리를 목적으로 촬영대상자의 의사에 반하여 「정보통신망 이용촉진 및 정보보호 등에 관한 법률」 제2조제1항제1호의 정보통신망(이하 "정보통신망"이라 한다)을 이용하여 제2항의 죄를 범한 자는 7년 이하의 징역에 처한다.

일반인이라면 성적인 욕망이나 수치심을 느낄 수 있을지를 기준으로

성적 욕망과 수치심 유발은 일반인의 생각을 기준으로 판단을 합니다. 예를 들어 만약 촬영자가 독특한 취향을 가지고 있어서 정상적으로 옷을 입은 상반신 사진, 또는 머리 사진에 대한 성적 집착이 있다고 해봅시다. 이럴 경우에는 상대방 몰래 촬영을 했다고 하더라도 일반인이 그런 사진에 성적 욕망을 느끼거나 수치심이 생기지 않는다면 형사처벌의 대상이 되지 않을 것입니다.

일반적으로 여성의 가슴이나 엉덩이는 처벌의 대상이 될 수 있으며, 얼굴이나 손을 제외한 남녀의 노출된 신체 부위를 촬영하는 경우에 성적 욕망이나 수치심을 유발하는 것으로 인정하고 있습니다. 그런데 성적 욕망이나 수치심을 유발하는 사람의 신체인지를 판단하면서 정작 피해자의 의사는 크게 고려하지는 않습니다. 피해자가 자신이 레깅스를 입은 모습을 촬영하는 행위에 대해 불쾌감과 모욕감을 느끼고, 가해자가 성적인 대상으로 피해자를 인식하는 분위기였다고 해도, 그러한 피해자의 감정보다는 일반인을 기준으로 범죄의 성립 여부가 결정되기 때문입니다.

더 나은 법을 위한 생각 나누기

레깅스를 입은 뒷모습을 찍은 행위가 성적 욕망이나 수치심을 유발하지 않는다는 법원의 판단에 동의하시나요? 이런 범죄는 피해자의 입장에서 피해자가 불쾌감이나 모욕감을 느꼈는지 여부를 중요한 요소로 고려해야 한다고 생각합니다.

나아가 이 사안은 판결문에 무단촬영한 동영상 사진을 그대로 실어서 다시 논란이 됐습니다. 사진을 찍힌 것에 대해 법적인 처벌을 구했던 피해자의 사진을 판결문에 공개하는 행위는 피해자의 인격권을 침해하는 2차 가해에 해당할 수 있습니다. 성폭력범죄의 피해자는 수사나 재판 과정에서 2차 피해를 감수해야 하는 것이 현실입니다. 이러한 문제를 개선하기 위한 법적인 장치가 절실합니다.

단톡방에서 벌어진 품평회

최근 수년 사이, 단톡방에서 여성을 성희롱하는 사건이
자주 발생하고 있습니다.
초대한 사람만이 들어올 수 있는 그 은밀한 공간 안에서
여성의 외모를 평가하고 비하하며 모욕하는 것입니다.
만약 자신이 모욕과 희롱의 주인공이 됐다는 사실을 알게 된다면,
그 피해자의 충격과 상처는 이루 헤아릴 수 없을 것입니다.
특히 이런 사건이 교육대학교에서 일어났다는 점이 더 놀랍습니다.
미래에 아이들을 가르칠 예비 선생님들이 이런 수준의 의식이라면,
우리 교육의 현실이 걱정될 따름입니다.

단톡방 여학생 성희롱 사건

모 교육대학교 남학생들이 단톡방에서 여학우들의 사진을 올려 외모와 몸매를 평가하고, 성희롱 발언을 했다는 내용이 익명의 대자보를 통해 공개됐습니다.

"면상이 도자기 같냐? 그대로 깨고 싶게"라고 흉을 보는 내용도 포함되어 있었고, 교생실습 과정에서 만난 초등학교 2학년 학생을 "사회악"이라고 칭하며 "한창 맞아야 할 때"라며 조롱하기까지 했습니다. 최근에는 다른 교육대학교에서도 이와 유사한 일이 발생했고, 관련 남학생들은 유기정학 등 징계처분을 받았습니다.

"우리끼리 이야기인데 그 애는 정말…."
단톡방에서 특정인에 대한 성희롱 발언을 한 경우 처벌 방안

피해자에 대한 모욕죄

비록 피해 여학우가 포함되지 않은 단톡방이라고 하더라도 여러 사람이 있는 단톡방에서 특정 여성의 외모를 비하하는 발언을 했다면 모욕죄에 해당할 수 있습니다. 모욕죄는 공연하게 피해자에게 경멸감을 주는 표현을 사용한 경우 성립됩니다. 여러 사람이 있는 곳에서 피해자에게 욕설을 한 경우만이 아니라 피해자가 없는 곳에서도 여러 사람이 들을 수 있게 경멸감을 주는 이야기를 해도 성립이 되는 범죄입니다. 특정인들 간의 대화라면 공연성이 없는 것이 아닌지 의문이 들 수도 있으나, 특정한 사람들끼리의 대화였다고 하더라도 그 말을 들은 사람이 다른 사람들에게 그 말을 전파할 수 있기 때문에 모욕죄가 성립할 수 있습니다.

개인 블로그의 비공개 대화방에서 상대방으로부터 비밀을 지키겠다는 말을 듣고 일대일로 대화한 경우에도, 대화 상대방이 그 내용을 불특정 또는 다수의 사람들에게 전파할 가능성이 있으면 명예훼손죄나 모욕죄가 성립할 수 있다는 취지의 판례도 있습니다.

명예훼손죄는 구체적인 사실 관계에 대한 내용, 예를 들면 “A는 돈을 써서 군대에 가지 않았어”라는 이야기를 여러 사람이 있는 곳에서 하는 경우 인정됩니다. 이에 비해, 모욕죄는 추상적인 판단이나 감정의 표현, 예를 들면 “B는 결혼이 불가능한 외모야”라고 비하할 경우에도 성립할 수 있습니다. 명예훼손죄는 그 내용이 사실인지 여부에 따라 처벌 여부나 수위가 달라지는데, 모욕죄는 표현의 사실 여부가 문제되지 않고 경멸하는 내용인지가 쟁점입니다.

또 모욕죄는 피해자의 고소가 있어야만 기소를 할 수 있는 친고죄입니다. 따라서 이 사건과 같이 남학생들의 단톡방에서 이뤄진 여학생에 대한 모욕에 대해서는 피해 여학생이 고소를 해야만 수사가 이뤄지고, 고소까지 이뤄지지 않아 형사처벌 대신 학교의 내부징계로 마무리되는 경우도 많습니다.

형법

제311조(모욕) 공연히 사람을 모욕한 자는 1년 이하의 징역이나 금고 또는 200만 원 이하의 벌금에 처한다.

제312조(고소와 피해자의 의사) ① 제308조와 제311조의 죄는 고소가 있어야 공소를 제기할 수 있다.

성희롱 발언에 대한 처벌?

단톡방에서 피해 여학생을 성적 대상으로 삼아 남학생들이 자신들의 성적 욕망을 서로 언급하는 경우 특별한 사정이 없는 한 그 자체로 범죄라고 보기는 어렵습니다. 다만 예외적인 경우에는 '통신매체 이용 음란죄'가 성립할 여지는 있습니다.

통신매체 이용 음란죄는 성적 자기 결정권에 반해 성적 수치심을 일으키는 그림 등을 개인의 의사에 반해 접하지 않을 권리를 보장하기 위한 것입니다. 따라서 단톡방에서 전달한 피해 여학생의 사진을 보고 단톡방의 남학생이 성적 수치심이나 혐오감을 느껴야만 범죄가 성립합니다.

만약 특별히 사진 공유에 대해 불편함을 표시한 남학생이 없었다면 성적 수치심이나 혐오감을 느꼈다고 인정하기는 어렵습니다. 통신매체 이용 음란죄는 대부분의 경우 남성이 원하지 않는 여성에게 음란한 동영상 또는 사진을 전송해 처벌되며, 반드시 피해자가 등장하는 동영상이나 사진일 필요는 없습니다.

성폭력범죄의 처벌 등에 관한 특례법(약칭 : 성폭력처벌법)

제13조(통신매체를 이용한 음란행위) 자기 또는 다른 사람의 성적 욕망을 유발하거나 만족시킬 목적으로 전화, 우편, 컴퓨터, 그 밖의 통신매체를 통하여 성적 수치심이나 혐오감을 일으키는 말, 음향, 글, 그림, 영상 또는 물건을 상대방에게 도달하게 한 사람은 2년 이하의 징역 또는 500만 원 이하의 벌금에 처한다.

또한, 피해 여학생 본인에게 직접 성희롱을 해도 형사적인 처벌 대상은 아닙니다. 정신적 피해를 이유로 위자료를 청구할 수는 있지만, 성추행에 해당하는 육체적인 접촉이 없이 단순히 피해 여성이 들어서 불쾌한 성적인 발언을 해도 범죄가 되지 않습니다.

더 나은 법을 위한 생각 나누기

단톡방이 아니라 친구들끼리의 사적인 술자리에서 여학우에 대한 모욕적인 언사를 했다면 그 여학우에 대한 모욕죄가 성립할 수 있을까요? 술자리에서 비밀에 부치기로 약속하고 한 이야기가 금방 소문이 나는 경우를 경험해본 적이 있으시지요? “우리끼리 이야기인데…” 하고 시작했다고 해도, 여러 사람에게 공공연하게 말한 것이나 마찬가지의 결과가 되는 경우가 많기 때문에 모욕죄가 성립할 수 있다는 점을 유의해야 하겠습니다.

다만, 여학우를 대상으로 성희롱에 해당하는 대화를 하는 것은 해당 학생에게는 큰 상처를 주는 성폭력에 해당한다는 점은 분명한 사실임에도 불구하고 모욕죄 이외에 성폭력에 관해 따로 처벌할 규정이 마땅하지 않습니다. 신체적 접촉이 없는 성희롱에 대해서까지 처벌하는 것은 과도하다는 생각이 전제되어 있습니다. 그러나 피해자의 입장에서 보면, 처벌이 반드시 과도하다고 볼 것은 아니라는 생각입니다. 성적인 비하나 희롱이 범죄가 되지 않고 일상의 자연스러운 문화로서 치부됨으로써 피해를 양산하는 것은 아닐까요? 보다 근본적으로 성희롱 문제를 해결하기 위해서는 상대를 대상화, 객체화시키지 않고 나와 동등한 인격체로서 존중하는 인식의 개선이 필요합니다.

성범죄 혐의를 받는 회장님의 귀국

모든 범죄가 그렇지만 증거 확보가 매우 중요합니다.

그런데 성범죄의 경우에는 그 성격상 증거가 없더라도

신빙성 있는 피해자의 진술만으로도 유죄가 인정될 수 있습니다.

당사자들의 진술이 상반되는 경우에는

거짓말탐지기를 이용해 조사할 수도 있습니다.

물론 거짓말탐지기 결과를 직접적인 증거로 할 수는 없지만,

거짓말탐지기 결과 '거짓'이라고 나오면

수사에 불리하게 작용할 수 있음은 물론입니다.

남부러울 것 없는 대기업 회장이 성범죄 혐의를 받고도

외국에 장기간 체류하면서 국내에 들어오지 않다가,

귀국 후 바로 체포가 된 사안이 있었습니다.

이와 관련해 성범죄에서의 증거의 의미와 무고에 대해 살펴봅시다.

귀국 직후 성범죄 혐의로 체포된 대기업 전 회장

자기 비서를 성추행하고, 별장 가사도우미를 성폭행한 혐의를 받으며, 미국에 머물던 전직 대기업 회장 A씨가 귀국한 후 곧바로 체포됐습니다. 그는 신병치료를 이유로 2017년 7월 미국으로 출국한 뒤 2개월 후 그 비서였던 여성이 성추행 혐의로 고소를 하자 귀국하지 않고 계속 체류기간을 연장하다 2년여 만에 귀국했습니다.

그동안 A씨는 경찰의 계속된 소환요청에 신병치료를 이유로 응하지 않았고, 외교부가 여권을 무효화하자 이에 불복해 행정소송을 제기했지만 패소했습니다. 그 이후에도 미국 현지에서 변호사를 고용해 질병치료를 이유로 체류기간을 계속 연장해왔지만, 경찰이 외교부와 함께 미국에 여권 무효화 사실을 알리자 더 이상 체류기간 연장이 되지 않아 귀국할 수밖에 없는 상황이 됐습니다.

A씨는 사회적으로 물의를 일으킨 점에 대해 죄송하다고 하면서도, 성폭력 혐의는 모두 인정하지 않는다고 밝혔습니다. 이후 검찰은 A씨를 구속 기소했습니다.

성폭력범죄와 무고죄

성폭력범죄의 처벌 등에 관한 특례법에 따르면 '성폭력범죄'란 강간, 강제추행, 준강간, 미성년자에 대한 간음, 업무상 위력 등에 의한 간음, 공연음란, 성적 목적을 위한 다중이용장소(목욕장, 탈의실 등) 침입행위, 통신매체를 이용한 음란행위, 카메라 등을 이용한 촬영 등의 성범죄를 거의 모두 포함하는 개념입니다.

강간은 폭행 또는 협박으로 상대방이 반항하지 못하게 한 후 강제로 성관계를 하는 것이고, 강제추행은 폭행 또는 협박으로 강제로 성적 수치심이나 혐오감을 일으키는 신체접촉을 한 것을 의미합니다.

성폭행은 통상적으로 강간과 같은 의미로 사용됩니다. 강간이라는 표현이 주는 강한 혐오감 때문에 언론에서 성폭행이라는 표현을 많이 사용하지만, 이는 법적 용어는 아닙니다. 성폭행이라는 용어가 범죄행위의 죄질을 정확히 드러내지 못한다는 이유로 강간이라는 표현을 써야 한다는 주장도 있습니다.

형법

제297조(강간) 폭행 또는 협박으로 사람을 강간한 자는 3년 이상의 유기징역에 처한다.

제297조의2(유사강간) 폭행 또는 협박으로 사람에 대하여 구강, 항문 등 신체(성기는 제외한다)의 내부에 성기를 넣거나 성기, 항문에 손가락 등 신체(성기는 제외한다)의 일부 또는 도구를 넣는 행위를 한 사람은 2년 이상의 유기징역에 처한다.

제298조(강제추행) 폭행 또는 협박으로 사람에 대하여 추행을 한 자는 10년 이하의 징역 또는 1천 500만 원 이하의 벌금에 처한다.

성폭행 피해자의 무고?

강간 범죄에서 피해자의 진술 외에는 아무런 물증이 없고 피의자가 부인하는 경우도 있습니다. 하지만 성폭력 사건의 경우 피의자가 부인하더라도 피해자의 진술이 신빙성이 있으면 혐의가 인정되어 기소되고 유죄가 선고될 수 있습니다. 물론 악의적으로 성폭력 피해자라고 허위 고소한 후 합의금을 받으려고 시도하는 경우도 있기 때문에, 적극적으로 증거를 제시하지 못하는 성폭력 피해자는 오히려 무고죄로 다시 고소당할 수 있습니다.

형법

제156조(무고) 타인으로 하여금 형사처분 또는 징계처분을 받게 할 목적으로 공무소 또는 공무원에 대하여 허위의 사실을 신고한 자는 10년 이하의 징역 또는 1천 500만 원 이하의 벌금에 처한다.

검찰 사건 처리 통계에 따르면 2017년과 2018년에 성폭력 무고죄로 기소된 피의자는 556명이었는데, 이 중 84.1%는 불기소됐고, 기소된 사건 중에서도 15.5%는 무죄 선고를 받았던 것으로 조사됐습니다. 성폭력을 당했다고 고소한 사람들 중에 허위 고소를 했다고 다시 고소를 당한 경우, 즉 무고죄로 고소된 사례 중에 유죄인 경우는 6.4%에 불과한 것으로 나타났습니다. 다시 말해, 성폭력범죄 피의자 중에 억울하게 무고를 당하는 경우는 많지 않습니다. 오히려 성폭력 피해자의 고소나 증언을 막기 위해 가해자가 피해자를 무고죄로 고소하거나, 고소하겠다고 협박하는 것이 큰 문제가 되기도 합니다.

한편 성범죄 사건의 기소율은 35.7% 정도이고, 불기소 사건 중 54.5%는 '혐의 없음'으로 인정됐습니다. 전체 중 30% 이상의 사건은 성폭력이 인정되지 않았다는 의미입니다. 하지만 그렇다고 나머지 사건들이 모두 성폭력을 허위로 신고했다는 의미는 아닙니다. 목격자나 증거가 없는 성폭력 사건은 당사자들만 진실을 알 수 있으므로 수사기관도 '애매한 결론'을 내릴 수밖에 없는 게 현실입니다.

더 나은 법을 위한 생각 나누기

증거가 없는 성폭행은 처벌하기 쉽지가 않습니다. 자신이 원하지 않은 일을 당한 피해자들이 충분한 증거를 제시하지 못하면 무고죄로 처벌받을 수 있다는 점은 피해자들이 용기를 내어 문제제기를 할 수 없도록 하는 요인이 되기도 합니다.

그러나 성폭력 피의자를 처벌할 수 없다는 것이 성폭력에 대한 고소가 무고라는 의미는 아닙니다. 피해자의 진술이 명백하게 허위인지, 객관적 사실에 반하는 것인지를 따져서 무고 여부를 따져야 합니다. 또한, 성폭력 피해자들이 고소 단계에서도 충분한 보호를 받을 수 있도록 제도적인 지원책이 마련되어야 합니다.

성폭력 후유증으로 심리치료를 받으려다 성폭행을 당한 여성

성범죄는 아는 사이에서 발생하는 경우가 많습니다.

같은 직장이나 학교, 또는 특정한 사회적 관계 안에서

성범죄가 일어나기도 합니다.

그런데 이러한 성범죄가 남녀의 관계에서 일정한 권력 관계나

보호·감독 관계에서 일어나는 경우에는 피해자가 그 관계 때문에

자신의 성적 자유를 부당하게 침해당하기 쉽습니다.

예를 들어 직장 상사와 부하, 의사와 환자 등의 관계에서

성폭력이 발생하면, 피해자로서는 거절하기가 어려운 것이 현실입니다.

최근 한 심리치료사는 직장 내 성폭력 후유증으로 상담하러 온

여성에게 오히려 성폭력을 저질렀고,

피해자는 자신의 치료에 도움이 될 것으로 믿고

이를 거절하지 못했습니다.

심리치료사의 성범죄

직장 내 성폭력 후유증에 시달린 20대 여성은 치료를 위해 심리치료사 김 모 씨를 찾아갔습니다. 김 씨는 TV 프로그램에서 심리치료 전문가로도 활동하며, 드라마치료와 예술치료로 명성을 얻은 사람입니다. 하지만 그는 20대 여성을 자신의 치료 연구소와 숙박 시설 등에서 세 차례 성폭행하고, 다섯 차례 추행한 혐의로 업무상 위력에 의한 간음 등에 의해 징역 3년을 선고받고 법정 구속됐습니다.

재판부는 “피해자가 직전 직장에서 성폭력을 당할 뻔해 정신적 어려움을 겪었고, 상담을 받으면서 김 씨에게 심리적·정서적으로 크게 의존했다. 피해자의 심리상태를 고려하면 피고인의 보호 감독을 받는 위치에 있던 것으로 보인다. 피해자는 이성적인 호감을 갖고 김 씨와 성적 접촉을 한 것이 아니라, 자신의 정신적 문제 치료에 도움이 되리라 믿고 여러 성적 행동을 거절하지 못한 것으로 보인다”라고 선고한 이유를 밝혔습니다.

거절하기 어려운 피해자의 사정을 악용한 성범죄 업무상 위력에 의한 간음

업무상 위력에 의한 간음죄

강간은 폭행 또는 협박으로 항거불능 상태인 피해자를 강제로 간음하는 경우에 성립됩니다. 여기에서 '간음'이란 성관계를 의미하는 법률 용어입니다. 폭행 또는 협박으로 상대방의 반항을 현저히 곤란하게 해야 하기 때문에, 피해자가 거절하거나 피할 수 있는 상황이라면 강간죄가 인정되지 않습니다.

이에 반해 폭행 또는 협박이 없더라도 업무, 고용 기타 관계로 인해 자기의 보호 또는 감독을 받는 사람에 대해 위계 또는 위력을 사용해 간음을 하면 형사처벌 대상이 됩니다. 즉, 가해자와의 특별한 관계로 인해 피해자가 거절하기 어려운 상황이 있다는 사실을 이용해 피해자를 속이거나 힘을 사용해 성관계를 하면 형법상 업무상 위력에 의한 간음으로 처벌을 받게 되고, 강제추행을 하게 되면 성폭력처벌법상 업무상 위력 등에 의한 추행으로 처벌을 받게 됩니다.

LAW

형법

제303조(업무상 위력 등에 의한 간음) ① 업무, 고용 기타 관계로 인하여 자기의 보호 또는 감독을 받는 사람에 대하여 위계 또는 위력으로써 간음한 자는 7년 이하의 징역 또는 3천만 원 이하의 벌금에 처한다.

성폭력범죄의 처벌 등에 관한 특례법(약칭 : 성폭력처벌법)

제10조(업무상 위력 등에 의한 추행) ① 업무, 고용이나 그 밖의 관계로 인하여 자기의 보호, 감독을 받는 사람에 대하여 위계 또는 위력으로 추행한 사람은 3년 이하의 징역 또는 1천 500만 원 이하의 벌금에 처한다.

임원과 비서, 의사와 환자 사이는 보호나 감독을 받는 관계라고 볼 수 있습니다. 물론 이들이 상호 자유 의지로 성관계를 할 수 있고, 이때는 형사처벌 대상이 아닙니다. 형사처벌이 되려면 '위계 또는 위력'이 인정되어야 합니다. 위계는 상대방을 속이는 것이고 위력은 피해자의 자유의사를 제압하기에 충분한 세력을 말합니다. 여기에서의 '세력'이란 폭행, 협박, 또는 사회적·경제적·정치적인 지위나 권세를 이용하는 것도 포함이 됩니다.

감독, 보호의 관계에서는 위계 인정 가능성 커

유명 정치인이 비서와 성관계를 한 행위에 대해 1심에서는 무죄, 2심에서는 유죄가 선고된 사안에서 볼 수 있듯이, 폭행 또는 협박이 없는 경우에는 업무상 위력에 의한 간음죄가 성립하는지가 명확하지 않은 경우가 많습니다.

하지만 피해자가 명확하게 거부의 의사를 표시한 경우만이 아니라 둘 간의 지위 때문에 그런 거부의 의사를 표시하지 못한 경우는 위력으로 인정됩니다. 실제 사례에서는 가해자가 범죄를 저지른다는 의사 없이 자신의 보호 또는 감독을 받는 피해자도 원해서 성관계를 하는 것으로 오해했다면서, 합의에 의한 성관계라고 주장하며 억울해하는 경우가 있습니다. 그러나 보호 또는 감독 관계에 있는 경우에는 원칙적으로 위계에 의한 간음 또는 강제추행이 될 가능성이 있다고 전제해야 하고, 예외적으로 상대방이 명확하게 성관계 의사를 밝힌 경우에 범죄가 성립하지 않는다고 봐야 합니다.

치료를 빙자해 환자나 상담을 받는 사람에게 성폭력을 하는 그루밍 성폭력은 피해자가 미성년자가 아니라 성인인 경우에도 존재할 수 있습니다. 성인인 경우에는 업무상 위력에 의한 간음은 강간에 비해 가볍게 처벌하지만, 미성년자인 경우에는 강간과 동일한 수준으로 처벌합니다.

더 나은 법을 위한 생각 나누기

가해자가 피해자와 신뢰 관계를 형성한 뒤 성범죄를 저지르는 것을 '그루밍'이라고 합니다. 의사와 환자 사이, 목사와 신도 사이, 코치와 운동선수 사이 등 여러 분야에서 심각한 문제가 되고 있습니다. 관련 성범죄는 점점 늘어나는데 가해자를 처벌하기는 쉽지 않습니다. 가해자와 피해자가 연인 사이라고 주장하거나 합의된 성관계였다고 주장하는 경우가 많기 때문입니다.

최근 의료인이 자신에게 치료받는 환자를 대상으로 성폭력 범죄를 저지르거나 정신건강의학과 의사가 진료받는 환자를 간음 또는 추행하는 경우에는 이를 가중처벌하는 내용의 법안이 발의되기도 했습니다. 더 나아가 그루밍 행위만으로도 처벌할 수 있는 법이 필요하다는 의견도 있습니다. 그루밍 피해를 막고 피해자를 보호하기 위한 실효성 있는 방안이 필요한 시점입니다.

그 끔찍한 고통은 영원히 잊을 수 없어!

일본군 위안부 문제는 한일 간에 해결되지 않은
오래된 역사적 문제이기도 하지만,
동시에 조직적이고 집단적으로 이뤄진 성범죄 문제이기도 합니다.
문제 해결을 위해 국가 간의 협의가 있었고
정부 차원의 노력이 필요하지만,
피해자들을 배제한 합의는 상처만 남길 뿐입니다.
피해자들은 일본 정부의 진심 어린 사과를 요구하고 있지만,
역사를 왜곡하고 피해자를 조롱하는 일본 정부나 일본 기업의 태도가
분노를 일으키고 있습니다.

위안부 폄하 광고 논란

모 일본계 패션 브랜드에서 내놓은 광고 내용이 논란이 됐습니다. 논란이 된 내용은 98세 패션 컬렉터와 13세인 패션 디자이너의 대화입니다. 광고에서 13세 패션 디자이너는 98세 패션 컬렉터에게 "스타일이 완전 좋은데요. 제 나이 때는 어떻게 입으셨나요?" 라고 묻자 90대의 패션 컬렉터는 "그렇게 오래전 일은 기억나지 않는다(I can' t remember that far back)" 라고 답변을 합니다.

얼핏 문제가 없어 보이지만 국내 광고 자막에는 영어 표현과 조금 다른 "맙소사, 80년도 더 된 일을 기억하냐고?"라는 자막이 달려 위안부 피해자와 우리나라가 오래된 일제 강제점령기의 일을 무리하게 문제 삼는다고 비하하는 게 아니냐는 논란이 있었습니다.

해당 브랜드는 그러한 의도가 없었다고 해명했지만, 패러디 영상이 제작되고 비판이 고조되자 결국 광고를 중단했습니다.

위안부 피해자들에 대한 행위는 어떤 범죄에 해당할 수 있을까?

현재 일본은 위안부 피해자들의 존재를 인정하지 않고 자발적인 성매매라고 주장하지만, 과거에는 일본도 잘못을 시인하는 발언을 한 적이 있습니다. 비록 공식적으로는 부인하지만, 한국만이 아니라 여러 국가에서 유사한 문제가 있었기 때문에 불법적인 일이 일어났다는 점을 인식하고 있습니다. 다만 일본 정부는 더 이상 이러한 문제가 공론화되는 것을 막기 위한 여러 수단을 사용하고 있습니다. 박근혜 정부 시절 한일 위안부 합의에도 공식적인 언급은 없지만, 일본 정부가 위안부와 관련된 불법성을 인지하고 있음을 보여줍니다.

만약 과거 일본이 했던 만행이 지금 다시 일어난다면 이는 인신매매 등 다양한 범죄로 처벌이 될 수 있습니다. 현재는 성매매를 목적으로 한 인신매매 행위가 거의 사라진 듯하지만, 과거에는 이러한 행위가 종종 발생했습니다. 또 언제든지 이런 문제가 다시 발생할 수 있기 때문에 여러 법률 조항에 의해 이런 행위가 금지되고 위반 시 매우 무거운 형에 처해집니다.

우선 위안부 피해자 모집 과정에서 사실과 다른 내용을 설명해서 이에 속은 피해자를 데려간 것은 '성매매 목적의 유인죄, 미성년자 유인죄'에 해당할 수 있습니다. 어떤 목적인지에 관계없이 미성년자를 속여서 납치하면 처벌되고, 성년의 경우는 그 목적에 따라 처벌 수위가 달라지는데, 성매매를 목적으로 유인한 경우에 가장 중한 처벌을 받습니다. 그리고 위안부 피해자를 모집한 대가로 모집책에게 금전을 지급했다면 인신매매로 처벌을 할 수 있습니다.

일본군 주둔지 부근에 설치한 위안소에 피해 여성을 감금하고 강제로 성행위를 하도록 한 경우, 사람을 감금해 가혹한 행위를 한 것이기 때문에 '중감금죄와 성매매처벌법' 위반에 해당합니다. 또한, 감금에 해당하지 않는다고 해도 폭행이나 협박 또는 위계를 통해 강제로 성행위를 하도록 했다면 역시 성매매처벌법으로 처벌할 수 있습니다. 그 외에도 의무 없는 일을 하게 했기 때문에 강요에 해당하고, 모집책은 모집행위 자체로도 처벌을 받게 됩니다.

형법

제277조(중체포, 중감금, 존속중체포, 존속중감금) ① 사람을 체포 또는 감금하여 가혹한 행위를 가한 자는 7년 이하의 징역에 처한다.

제287조(미성년자의 약취, 유인) 미성년자를 약취 또는 유인한 사람은 10년 이하의 징역에 처한다.

제288조(추행 등 목적 약취, 유인 등) ② 노동력 착취, 성매매와 성적 착취, 장기적출을 목적으로 사람을 약취 또는 유인한 사람은 2년 이상 15년 이하의 징역에 처한다.

제289조(인신매매) ③ 노동력 착취, 성매매와 성적 착취, 장기적출을 목적으로 사람을 매매한 사람은 2년 이상 15년 이하의 징역에 처한다.

제324조(강요) ① 폭행 또는 협박으로 사람의 권리행사를 방해하거나 의무 없는 일을 하게 한 자는 5년 이하의 징역 또는 3천만 원 이하의 벌금에 처한다.
② 단체 또는 다중의 위력을 보이거나 위험한 물건을 휴대하여 제1항의 죄를 범한 자는 10년 이하의 징역 또는 5천만 원 이하의 벌금에 처한다.

성매매알선 등 행위의 처벌에 관한 법률(약칭 : 성매매처벌법)

제18조(벌칙) ① 다음 각 호의 어느 하나에 해당하는 사람은 10년 이하의 징역 또는 1억 원 이하의 벌금에 처한다.
1. 폭행이나 협박으로 성을 파는 행위를 하게 한 사람
2. 위계 또는 이에 준하는 방법으로 성을 파는 사람을 곤경에 빠뜨려 성을 파는 행위를 하게 한 사람
③ 다음 각 호의 어느 하나에 해당하는 사람은 3년 이상의 유기징역에 처한다.
1. 다른 사람을 감금하거나 단체 또는 다중(多衆)의 위력을 보이는 방법으로 성매매를 강요한 사람

제19조(벌칙) ② 다음 각 호의 어느 하나에 해당하는 사람은 7년 이하의 징역 또는 7천만 원 이하의 벌금에 처한다.
2. 성을 파는 행위를 할 사람을 모집하고 그 대가를 지급받은 사람

참고로, 이러한 경우 피해자는 본인이 원하지 않은 성매매에 관여됐기 때문에 처벌되지 않습니다. 저항할 수 없는 폭력이나 협박에 의해 강요된 성매매이기 때문입니다.

형법

제12조(강요된 행위) 저항할 수 없는 폭력이나 자기 또는 친족의 생명, 신체에 대한 위해를 방어할 방법이 없는 협박에 의하여 강요된 행위는 벌하지 아니한다.

국가가 주도하거나 방조한 불법 사건

성매매를 강요한 자에 대해서는 형사처벌과 별도로 가해자를 상대로 민사상 손해배상 청구도 할 수 있습니다. 다만 위안부 피해자의 경우는 당시 모집책이나 위안소를 운영한 자를 확인하기 어렵고, 확인이 되어도 현재까지 살아 있지 않거나 사업체가 사라졌을 가능성이 매우 높습니다. 이러한 경우에는 일본 국가 자체가 불법적인 행위를 주도했거나, 최소한 방조하는 등으로 그 행위에 관여했다면 일본에 대한 손해배상 책임을 물을 수 있습니다.

다만 이 청구와 관련해서는 강제징용 피해자의 문제와 유사하게 피해자의 손해배상 청구권이 1965년 한일청구권협정에 따라 포기하기로 합의한 것인지 여부가 쟁점이 될 수 있습니다.

대한민국과 일본국 간의 재산 및 청구권에 관한 문제의 해결과 경제협력에 관한 협정(약칭 : 한일청구권협정)

제2조

3. 2의 규정에 따르는 것을 조건으로 하여 일방체약국 및 그 국민의 재산, 권리 및 이익으로서 본 협정의 서명일에 타방체약국의 관할하에 있는 것에 대한 조치와 일방체약국 및 그 국민의 타방체약국 및 그 국민에 대한 모든 청구권으로서 동일자 이전에 발생한 사유에 기인하는 것에 관하여는 어떠한 주장도 할 수 없는 것으로 한다.

강제징용 피해자가 일본 기업을 상대로 제기한 손해배상 소송에서 대법원은 상세하게 한일청구권협정의 체결 경위 및 협정 내용, 외국 사례까지 검토했습니다. 그 결과, 한일청구권협정은 재정적·민사적 채권, 채무 관계를 해결하기 위한 것일 뿐, 일본이 인정하지 않은 불법행위에 대한 배상책임까지 포기한 것은 아니라고 판단했습니다.

현재 위안부 피해자가 일본 정부를 상대로 제기한 손해배상청구 소송은 아직 1심이 진행 중이라 우리 법원이 판단을 한 적은 없습니다. 하지만 강제징용 사건과 같은 취지로 불법적인 행위로 인한 피해배상에 대해 한일청구권협정 대상이 아니라고 판단한다면, 일본 정부의 손해배상책임이 인정될 수 있습니다.

강제징용 대법원 판결(대법원 2018. 10. 30. 선고 2013다61381 판결)

이 사건에서 문제되는 원고들의 손해배상청구권은, 일본 정부의 한반도에 대한 불법적인 식민지배 및 침략전쟁의 수행과 직결된 일본 기업의 반인도적인 불법행위를 전제로 하는 강제동원 피해자의 일본 기업에 대한 위자료청구권이라는 점을 분명히 해두어야 한다. (중략)
앞서 본 청구권협정의 체결 경과와 그 전후사정, 특히 아래와 같은 사정들에 의하면, 청구권협정은 일본의 불법적 식민지배에 대한 배상을 청구하기 위한 협상이 아니라 기본적으로 샌프란시스코 조약 제4조에 근거하여 한일 양국 간의 재정적·민사적 채권·채무관계를 정치적 합의에 의하여 해결하기 위한 것이었다고 보인다. (중략)
따라서 위 '피징용 한국인의 미수금, 보상금 및 기타 청구권의 변제청구'에 강제동원 위자료청구권까지 포함된다고 보기는 어렵다.

더 나은 법을 위한 생각 나누기

얼마 전 일본군 위안부 피해자 할머니들과 유족이 일본 정부를 상대로 낸 손해배상 소송의 첫 재판이 열렸습니다. 일본 정부가 송달을 받지 않고 재판을 거부해 3년 가까이 미뤄지던 재판 기일이었습니다. 원고 측 당사자 이용수 할머니는 "역사의 산증인 이용수다. 일본이 당당하다면 재판에 나오라"고 촉구했습니다. 위안부 문제에 대해 그간 한일 양국 간의 합의나 담화는 있었지만, 그 과정에서 정작 피해자들이 배제된 면이 있습니다.

외국 정부로부터 성범죄 피해를 당한 피해자들을 대신해 우리 정부가 협상하는 것은 타당한 일일까요? 나아가 국가가 피해자들과의 합의도 없이 피해자 개개인의 손해배상청구권을 포기하는 것은 정당한 일일까요? 법에 앞서, 꽃다운 시절을 유린당한 피해자들의 마음을 위로하고 진심 어린 사과를 받을 수 있도록 하는 것이 문제를 해결하는 첫 단추가 될 것입니다.

PART 5. 사건 사고

현장에서의 법

'도로 위의 살인마' 음주운전

아무리 그 위험성을 강조해도 좀처럼 근절되지 않는 것이
바로 음주운전입니다.
자신으로 인해 사람이 사망할 수 있는 위험이 있음에도
음주운전을 한다는 것은 도저히 있을 수 없는 일입니다.
최근 이른바 제2윤창호법을 통해 음주운전사고에 대한 처벌이
크게 강화되면서 초범이거나 음주 수준이 가벼운 정도라고 해도
선처를 받게 되는 사례들이 현저히 줄어들고 있습니다.
운전자 본인은 물론 다른 운전자나 보행자들의 안전을
크게 위협하는 음주운전에 대한 처벌 규정들을 살펴봅시다.

국회의원 아들의 음주운전사고 논란

음주운전사고를 낸 국회의원 아들이 특정범죄가중법상 위험운전치상, 음주운전, 범인도피교사 혐의로 기소의견으로 검찰에 송치됐습니다. 피의자는 술을 마신 채 운전을 하다가 차로 앞서 가던 오토바이를 추격한 후 바로 멈추지 않고 더 진행하다가 돌아왔습니다. 그런데 차에 탑승하지 않았던 제3자가 경찰에 본인이 운전했다고 허위 진술을 했습니다.

사고 당시 피의자의 혈중알코올농도는 0.12%로 '면허취소' 수준인 0.08% 이상이었고, 오토바이 운전자는 경상을 입었는데 3,500만 원에 합의를 한 것으로 알려졌습니다. 당시 피의자가 사고 현장에 바로 멈춰 구호행위를 하지 않았고, 본인이 아닌 제3자가 운전자라고 허위 진술을 해서 뺑소니가 아니냐는 의혹이 있었지만, 결과적으로 경찰은 뺑소니는 아니라고 결론을 냈습니다.

교통사고를 낸 운전자가 해야 하는 구호 조치

교통사고를 낸 운전자는 사상자를 구호하는 등의 필요한 조치를 해야 하고, 피해자에게 인적사항(성명·전화번호·주소)을 제공해야 합니다. 이러한 조치를 취하지 않을 경우에는 도로교통법 위반으로 처벌을 받습니다. 만약 다친 피해자가 있음에도 필요한 구호 조치를 하지 않고 도주하면 특정범죄가중법에 의해 가중 처벌을 받게 됩니다.

사상자를 구호하는 조치를 이행했더라도 운전자의 인적사항을 정확히 제공하지 않은 경우를 도주한 것으로 볼 것인지는 구체적 사실관계에 따라 판결 내용이 조금 다른 경우가 있습니다. 법원은 기본적으로 구호 조치를 제대로 했는지를 중요하게 고려하고, 운전자를 바꿔치기했더라도 추후 실제 운전자를 확인할 수 있게 된 경우에는 뺑소니로 인정하지 않는 경향을 보입니다.

그러한 취지의 대법원 판결(대법원 2009. 6. 11. 선고 2008도8627 판결)을 소개하려고 합니다. 사고 운전자는 교통사고 현장에서 동승자로 하여금 사고 차량의 운전자라고 허위 신고하도록 했습니다. 하지만 사고 직후 사고 장소를 이탈하지 않고 보험회사에 사고 접수를 하고, 경찰관에게 위 차량이 가해 차량임을 밝혔습니다. 또 경찰관의 요구에 따라 동승자와 함께 조사를 받은 후 이틀 후 자진해서 경찰에 출두해 자수했습니다. 이 사안에서 대법원은 이를 도주한 것에 해당하지 않는다고 판단했습니다.

도로교통법

제54조(사고발생 시의 조치) ① 차 또는 노면전차의 운전 등 교통으로 인하여 사람을 사상하거나 물건을 손괴한 경우에는 그 차 또는 노면전차의 운전자나 그 밖의 승무원은 즉시 정차하여 다음 각 호의 조치를 하여야 한다.
1. 사상자를 구호하는 등 필요한 조치
2. 피해자에게 인적 사항(성명 · 전화번호 · 주소 등을 말한다) 제공

특정범죄 가중처벌 등에 관한 법률(약칭 : 특정범죄가중법)

제5조의3(도주차량 운전자의 가중처벌) ① (생략) 운전자가 피해자를 구호하는 등 「도로교통법」 제54조제1항에 따른 조치를 하지 아니하고 도주한 경우에는 다음 각 호의 구분에 따라 가중처벌한다.
1. 피해자를 사망에 이르게 하고 도주하거나, 도주 후에 피해자가 사망한 경우에는 무기 또는 5년 이상의 징역에 처한다.
2. 피해자를 상해에 이르게 한 경우에는 1년 이상의 유기징역 또는 500만 원 이상 3천만 원 이하의 벌금에 처한다.

교통사고로 사람을 다치게 했더라도, 대인배상 보험에 가입했다면 운전자를 처벌하지 않습니다. 보험에 가입하지 않았더라도 피해자와 합의하면 역시 처벌하지 않습니다. 따라서 미보험사고의 경우에는 반드시 피해자와 합의할 필요가 있습니다. 그러나 뺑소니, 음주측정 불응, 음주운전, 신호위반, 속도위반 등의 특정 중과실 사고를 내서 사람이 다친 경우라면, 보험에 가입하거나 합의를 했더라도 형사처벌을 피할 수 없습니다.

LAW

교통사고처리특례법

제3조(처벌의 특례) ② (생략) 운전자에 대하여는 피해자의 명시적인 의사에 반하여 공소를 제기할 수 없다. 다만, 차의 운전자가 (중략) 피해자를 구호하는 등 「도로교통법」 제54조제1항에 따른 조치를 하지 아니하고 도주하거나 피해자를 사고 장소로부터 옮겨 유기하고 도주한 (중략) 경우에는 그러하지 아니하다.

제4조(보험 등에 가입된 경우의 특례) ① 교통사고를 일으킨 차가 (중략) 보험 또는 공제에 가입된 경우에는 제3조제2항 본문에 규정된 죄를 범한 차의 운전자에 대하여 공소를 제기할 수 없다. 다만, 다음 각 호의 어느 하나에 해당하는 경우에는 그러하지 아니하다.
1. 제3조제2항 단서에 해당하는 경우 (이하 생략)

더 나은 법을 위한 생각 나누기

교통사고를 내고 운전자를 바꿔치기하는 행위는 운전자의 신원을 제대로 밝히지 않은 것임은 물론, 수사기관이나 피해자를 속이려는 의도가 분명합니다.
이런 경우에도 뺑소니가 아니라고 판단한 판례가 있는데, 이는 법원이 법 조항의 합리적인 해석범위를 벗어난 것이라는 비판이 있습니다. 이에 대해서는 어떻게 생각하시는지요?

안타까운 안마의자 유아 사망 사건

생활의 편리를 위해 구매한 제품이
우리의 안전을 위협하는 경우가 있습니다.
핸드폰이 폭발하거나 자동차가 급발진하는 사건,
가습기 살균제 사건 등이 그렇습니다.
이 경우 피해의 정도에 따라 보상의 문제가 첨예하게 대두됩니다.
제품 자체에 결함이 있었는지, 아니면 제품을 사용한 사람에게
문제가 있었는지도 다툼의 대상이 됩니다.
한 걸음 더 나아가서는 제품을 안전하게 만들어 내도록 하는 것도
법의 역할이 될 것입니다.

안마의자에 끼어 사망한 유아

충북 청주의 한 아파트에서 2살짜리 아이가 안방에 있던 안마의자 다리 부분에 몸 전체가 꽉 끼는 사고가 발생했습니다. 다른 방에 있던 가족들이 울음소리를 듣고 곧바로 달려갔지만, 아이를 안마의자에서 빼낼 수가 없었습니다.

119대원들이 도착하기까지 10여 분 동안 아이는 심정지 상태에 돌입했고, 심폐소생술로 맥박은 돌아왔지만 끝내 사망하고 말았습니다. 유아가 사망했다는 점에서는 참으로 안타까운 사건이 아닐 수 없습니다.

제품에 의한 안전사고, 누구의 책임일까? 제조물책임법

제조물의 결함이란?

안마의자로 인한 사고는 2015년 33건에서 3년 만에 114건으로 4배가량 증가했고, 특히 10살 미만의 어린이가 안마의자에 끼이거나, 떨어져 다치는 경우도 급증했습니다. 예전에는 안마의자 안전사고의 절반 가까이가 60세 이상 고령자에게 일어난 데 반해 최근에는 어린 자녀를 둔 젊은 부부들도 안마의자를 구입하는 경우가 많아져서 10세 미만의 아이들이 다치는 사례가 증가하는 추세입니다.

안전사고로 인한 손해배상과 관련해 적용되는 법률은 '제조물책임법'입니다. 이 법에 의하면 제조물에 결함이 있어야 배상을 받을 수 있습니다. 여기에서 제조물의 결함이란 '제조', '설계', '표시'상의 결함이 있어야 하는 것을 의미합니다. 다만 예외적인 경우를 제외하고는 결함의 존재를 소비자가 입증해야 합니다.

제조물책임법

제2조(정의) 이 법에서 사용하는 용어의 뜻은 다음과 같다.

2. "결함"이란 해당 제조물에 다음 각 목의 어느 하나에 해당하는 제조상·설계상 또는 표시상의 결함이 있거나 그 밖에 통상적으로 기대할 수 있는 안전성이 결여되어 있는 것을 말한다.

가. "제조상의 결함"이란 제조업자가 제조물에 대하여 제조상 · 가공상의 주의의무를 이행하였는지에 관계없이 제조물이 원래 의도한 설계와 다르게 제조 · 가공됨으로써 안전하지 못하게 된 경우를 말한다.

나. "설계상의 결함"이란 제조업자가 합리적인 대체설계(代替設計)를 채용하였더라면 피해나 위험을 줄이거나 피할 수 있었음에도 대체설계를 채용하지 아니하여 해당 제조물이 안전하지 못하게 된 경우를 말한다.

다. "표시상의 결함"이란 제조업자가 합리적인 설명·지시·경고 또는 그 밖의 표시를 하였더라면 해당 제조물에 의하여 발생할 수 있는 피해나 위험을 줄이거나 피할 수 있었음에도 이를 하지 아니한 경우를 말한다.

안전사고를 막기 위한 노력

안마의자는 어른들이 주로 사용하는 기계입니다. 하지만 집에는 어린이들이 있을 수 있고, 실제로 어린이 사고가 늘어나고 있습니다. 이런 사고가 반복된다면, 제조사에게 어린이들의 안전사고를 방지하기 위한 노력을 기울일 것을 요구할 수도 있을 것입니다.

예를 들어 안마의자의 리모컨에 긴급정지 버튼을 추가해 버튼을 누르면, 바로 안마의자가 이완되어 어린이가 빠져나올 수 있게 설계를 하거나, 리모컨에 성인의 지문인식이 되어야만 작동하게 한다면 사고의 위험을 줄일 수도 있습니다. 또한, 제조사로서는 위험을 피할 수 있는 합리적인 설명·지시·경고 또는 그 밖의 표시를 할 의무도 있습니다. 향후 제품 관련 법규를 개정해서 안마의자의 안전성을 강화해 어린이의 사고를 방지할 수 있는 개선조치를 하도록 의무를 부과한다면 사고를 줄일 수 있을 것입니다.

더 나은 법을 위한 생각 나누기

법률이 모든 제품의 안전성 강화를 위한 충분한 규정을 두는 것은 현실적으로 어렵습니다. 또 기술이 발전하면서 발생할 수 있는 위험을 예상하기 어려운 경우들도 늘어나겠지요. 인공지능의 발달과 자율주행차량, 드론, 3D 프린터, 사물인터넷 등 4차산업혁명 시대의 기술들은 인류의 삶을 편리하게 바꿀 것으로 기대를 모으고 있습니다.

그런데 이에 따라 누구도 예상하지 못했던 손해가 발생하는 경우, 그 책임은 어떻게 물을 수 있을까요? 기술의 발전도 중요하지만, 그에 앞서 어떤 기술을 어떻게 활용해야 하는지에 대해서는 사회적인 합의가 우선되어야 합니다. 국회는 현행 법률이 소비자 안전에 충분한지 지속적으로 검토하고, 필요하면 개정안을 제출해야 할 의무가 있습니다. 하지만 실제로 사전에 충분히 검토하고 있는지는 의문입니다. 이 부분에 대해서 법률적으로 강화해야 할 부분은 어떤 것이 있을까요?

마약 밀수범이 된 재벌가 도련님

2019년에는 유독 변종 대마 및 마약과 관련된 사건이 많았으며,

특히 재벌가 자녀들이 마약 사건에 많이 연루됐습니다.

그들이 밀수한 마약의 종류나 양, 수법 등에 비춰

가벌성이 상당히 높음에도 불구하고,

집행유예가 선고되는 경우가 많아 공분을 사기도 했습니다.

이와 더불어 이제 대한민국이 더 이상 마약 청정국이라는 아니라는

진단도 들려오고 있습니다.

그만큼 마약에 중독된 사람도 많고,

또 구하기도 쉬워졌다는 이야기일 것입니다.

재벌가 자녀들의 마약 문제를 통해

마약의 종류, 관련 범죄에 대한 형량 등에 대해서 알아봅시다.

변종 대마 등 마약류를 밀수한 재벌 4세

액상 대마 등을 사서 밀반입한 혐의로 구속기소됐던 모 재벌그룹 회장의 장남에게 집행유예가 선고됐습니다. 피고인은 미국에서 인천공항을 통해 귀국하면서 변종 마약인 대마 액상카트리지 20개, 캔디, 젤리형 대마 등 총 180여 개의 마약류를 밀반입하다가 적발됐고, 검찰은 "대마를 매수하는 데 그치지 않고 국내로 밀반입까지 했다. 마약류 양이 상당한 점 등에 미뤄 중형이 필요하다"라고 주장했습니다.

상당한 양의 마약류를 소지한 것이 적발됐음에도 처음부터 구속이 되지는 않았는데, 이후 피고인은 검사를 찾아가 구속을 자청해 화제가 되기도 했습니다. 재판부는 마약 범행이 엄벌이 필요한 중대한 범죄라는 점을 분명하게 하면서도, 피고인이 범행을 인정하면서 재범하지 않겠다고 다짐하고, 처벌받은 전력도 없다는 점, 또한 밀수한 대마가 전량 압수되어 실제 사용되거나 유통되지 않았다는 점 등을 고려해 집행유예를 선고한다고 판결 이유를 밝혔습니다.

마약류의 종류와 마약 범죄에 대한 처벌

마약의 종류 - 마약, 향정신성의약품, 대마

우리나라에서는 마약류의 수출입, 매매, 소지, 투약이 원칙적으로 모두 금지되고, 질병의 치료나 학술연구 목적 등의 경우만 예외적으로 허용됩니다. 일반인은 통상적으로 금지약물을 모두 마약이라고 부르고 있지만, 정확히는 마약, 향정신성의약품, 대마로 구분할 수 있고, 이를 합해 '마약류'라고 부릅니다.

마약은 양귀비, 아편, 코카인 등이 해당되고, 향정신성의약품은 오용하거나 남용할 우려가 있는 약물로 엘에스디(LSD), 필로폰, 엑스터시, 프로포폴, 졸피뎀 등을 말합니다. 대마는 대마초와 그를 원료로 해서 제조된 모든 제품을 포함하고, 담배와 같은 형태로 피는 대마는 물론, 최근에 유행하는 액상 대마, 사탕 또는 젤리형 대마 등이 모두 포함됩니다.

전체적으로 마약류라고 부르고 투약 등을 모두 처벌하지만, 굳이 구분해서 정의하는 이유는 세 가지 마약류의 특성이 달라 투약 등에 대한 형사처벌 수위도 다르고, 합법적인 사용을 위한 절차도 다르기 때문입니다. 마약류 중에는 대마 관련 행위가 가장 가볍게 처벌되고, 마약과 엘에스디(LSD) 등 일부 향정신성의약품이 가장 무겁게 처벌됩니다.

마약 범죄에 대한 처벌

대마의 경우를 살펴보면 처벌되는 행위는 수출입, 매매, 투약 등으로 수출입이 가장 무겁게 처벌되어 무기 또는 5년 이상의 징역에, 매매는 1년 이상의 징역에, 흡연은 5년 이하의 징역 또는 5천만 원 이하의 벌금에 처해집니다.

대마 수입의 경우 무기 또는 5년 이상의 징역에 처해질 수 있기 때문에 법정형이 상당히 무겁지만, 실제로 초범의 경우에는 징역형이 선고되는 경우가 거의 없고, 집행유예가 일반적입니다.

법원은 마약의 종류, 수량, 전과 여부 등을 고려해 마약류 사건에 대한 형을 선고하는데, 최근 사건에서는 카트리지 30개를 수입한 경우에 징역 3년, 집행유예 4년을, 6개를 수입한 경우에 징역 2년 6월, 집행유예 3년을 선고했습니다.

액상 대마의 경우 전자담배와 비슷한 방식으로 흡연을 합니다. 카트리지 1개로 150번 흡연을 할 수 있기 때문에 카트리지 20개면 3,000번을 흡연할 수 있는 양입니다. 액상 대마 사건만이 아니라 전반적으로 마약 관련 전과가 없는 피고인이 스스로 투약 또는 흡연할 목적으로 마약류를 수입하거나 단순 투약 또는 흡연한 경우에는 법원이 집행유예를 선고한 경우가 많아 법에 정해진 형량에 비해 실제 선고되는 형량은 상당히 낮은 편입니다.

마약류 관리에 관한 법률

제2조(정의)
1. "마약류"란 마약·향정신성의약품 및 대마를 말한다.

제58조(벌칙) ① 다음 각 호의 어느 하나에 해당하는 자는 무기 또는 5년 이상의 징역에 처한다.
5. 제3조제7호를 위반하여 대마를 수입하거나 수출한 자 또는 그러할 목적으로 대마를 소지·소유한 자

제59조(벌칙) ① 다음 각 호의 어느 하나에 해당하는 자는 1년 이상의 유기징역에 처한다.
7. 제3조제7호를 위반하여 대마를 제조하거나 매매 · 매매의 알선을 한 자 또는 그러할 목적으로 대마를 소지 · 소유한 자

제61조(벌칙) ① 다음 각 호의 어느 하나에 해당하는 자는 5년 이하의 징역 또는 5천만 원 이하의 벌금에 처한다.
4. 제3조제10호를 위반하여 다음 각 목의 어느 하나에 해당하는 행위를 한 자
가. 대마 또는 대마초 종자의 껍질을 흡연하거나 섭취한 자

더 나은 법을 위한 생각 나누기

마약류 투약 및 흡연과 관련해서 초범이라면 대체로 집행유예가 선고됩니다. 호기심으로 실수한 피고인이 정상적으로 다시 사회에 복귀할 수 있도록 하는 것이 중요하다는 게 법원의 판단입니다. 그런데 이렇게 형량이 가벼우면, 마약 관련 범죄를 가볍게 볼 우려가 있습니다.

단순히 호기심에서 시작한 마약에 일단 중독이 되면 뇌 손상으로 인해 본인 스스로 조절을 하지 못하는 상황이 되어 처벌보다는 관리, 재활 시스템이 더욱 중요하게 됩니다. 최근에는 연예인, 재벌가 자제 등은 물론, 일반인들도 SNS를 통해 쉽게 마약 거래가 가능하다는 보도도 많아진 만큼 마약 범죄에 대한 실효성 있는 대책이 필요한 상황이 됐습니다.

가족 같은 회사를 위해 '충심'으로 증거를 인멸한 직원들

"우리 회사는 가족 같은 회사입니다."

회사가 정말 가족 같아서, 직원의 안식처가 되어주고,

직원 한 사람, 한 사람을 애정을 가지고 대해준다면

이 말이 좋을 수도 있겠습니다.

그러나 정(情)을 앞세워 문제를 해결하려고 한다거나

법으로 정해진 직원의 권리를 무시하려 한다면,

회사는 가족이 아니라는 점을 분명히 할 필요가 있습니다.

직원들이 회사의 범죄사실에 대한 증거를

대대적으로 인멸한 사건을 통해 이 문제를 생각해봅시다.

분식회계 의혹에 대한 증거인멸 사건

모 대기업의 분식회계 의혹 사건의 증거를 인멸하거나 이를 교사한 혐의로 해당 기업의 임직원들에게 징역 1~4년이 구형됐습니다. 이들은 해당 기업 직원 수십 명의 휴대전화와 노트북에서 '합병', '미전실' '부회장' 등 단어를 검색한 뒤 검색된 자료들을 삭제하고, 회사 공용서버 등 분식회계 의혹을 뒷받침할 만한 증거물들을 공장 바닥 아래 등에 숨긴 혐의를 받았습니다.

검찰은 이에 대해 "동원된 인력과 기간, 인멸된 자료 숫자에 비춰 볼 때 대한민국 역사상 최대의 증거인멸 범행"이라고 했습니다. 이 사건에서 임직원의 변호인은 특이하게도 증거인멸죄에 대해 '친족간의 특례'를 적용해야 한다는 주장을 했습니다. 이들 임직원들은 하나같이 회사에 대해 남다른 애사심을 가지고 있었고, 자신의 행위가 어떤 파급효과를 낳을 줄 몰랐으며, 회사를 향한 '충심'에서 나온 행위라는 점을 강조한 것입니다.

증거인멸죄에서 친족 간의 특례

일부 언론에서는 피의자들의 변호인이 '친족상도례'를 주장했다고 언급했지만, 증거인멸 사건에서 정확한 표현은 '친족상도례'가 아닌 '친족 간의 특례'가 맞습니다. 절도죄 같은 재산범죄에 있어서 '친족 간의 범행'이라는 특별 규정을 두어 친족 간에 벌어진 일은 처벌을 면제하거나 고소가 있어야만 기소가 가능하도록 정해 놓았는데, 이러한 특별 규정을 통상적으로 '친족상도례'라고 부릅니다.

이번 사안에서 변호인이 주장한 것은 증거인멸죄에 대한 '친족 간의 특례'입니다. 친족 또는 동거의 가족이 본인을 위해 증거인멸을 한 경우에는 처벌하지 않도록 규정한 것이 '친족 간의 특례'이고, 증거인멸 외에도 범인은닉과 증인은닉에도 동일한 특례가 적용됩니다. 증거인멸은 '타인의 형사 사건 또는 징계 사건에 관한 증거'를 인멸하는 등의 행위를 처벌하기 때문에 본인의 형사 사건 또는 징계 사건에 관해서는 범죄가 되지 않습니다. 즉, 본인의 죄를 감추기 위해 증거를 인멸하는 것은 자연스러운 일이므로 별도로 처벌하는 것은 과하다는 입법부의 판단이라고 하겠습니다.

더 나아가 친족이 본인을 위해 증거를 인멸하는 경우도 원칙적으로는 타인의 형사 사건 또는 징계 사건에 관한 것이므로 처벌이 되어야 하지만, 친족의 범죄를 숨기기 위해 증거를 인멸하는 것도 가까운 인간관계를 고려해 어쩔 수 없이 행하는 경우가 많고, 그러한 경우까지 처벌하는 것은 적절하지 않다는 판단하에 처벌을 하지 않습니다. 여기서 친족은 8촌 이내의 혈족이나 4촌 이내의 인척을 말하는데, 예전과 달리 친족 간의 교류가 많지 않은 점을 고려하면 상당히 범위가 넓게 인정된다고 볼 수 있습니다.

다만, 유의할 점은 본인이 본인의 증거를 인멸하는 것은 처벌받지 않지만, 제3자로 하여금 본인의 증거를 인멸하도록 하면 처벌을 받는다는 것입니다. 이때 제3자는 증거인멸로, 본인은 증거인멸교사로 처벌받게 됩니다.

그리고 친족 간의 특례만 존재할 뿐, 임직원이 회사나 다른 임직원의 형사 사건 또는 징계 사건에 관한 증거를 은닉할 경우 처벌을 하지 않거나 감면하는 규정은 존재하지 않습니다. 이번 사건에서 변호사의 주장은 '친족 간의 특례'를 직접 적용해 달라는 것은 아니고, 그러한 취지를 고려해서 회사를 가족같이 여긴 임직원의 행위를 판단해 달라는 것으로 보입니다. 그러나 회사의 임직원이라면 응당 회사의 중범죄행위를 감추기 위해 관련 증거를 인멸하고 수사를 방해하는 것이 인지상정이라는 주장은 받아들이기 어려울 것입니다. 현재까지 법원이 그러한 주장을 받아들인 사례는 알려진 것이 없습니다.

형법

제155조(증거인멸 등과 친족 간의 특례) ① 타인의 형사 사건 또는 징계 사건에 관한 증거를 인멸, 은닉, 위조 또는 변조하거나 위조 또는 변조한 증거를 사용한 자는 5년 이하의 징역 또는 700만 원 이하의 벌금에 처한다.
④ 친족 또는 동거의 가족이 본인을 위하여 본조의 죄를 범한 때에는 처벌하지 아니한다.

친족상도례는 무엇일까?

친족상도례는 법에 정해진 용어는 아니고, 직계혈족, 배우자, 동거친족, 동거가족 또는 그 배우자 간에 발생한 재산범죄(절도죄·사기죄·공갈죄·횡령죄·배임죄·장물죄 등)에 대해서는 형을 면제하고, 그 외의 친족 간에는 고소가 있어야 기소할 수 있는 친고죄로 정한 법률 규정을 통틀어 칭하는 용어입니다. 형법에는 이러한 친족 간의 특례를 인정하는 내용을 개별 재산범죄마다 규정하고 있기 때문에 여러 조항에 나누어 규정되어 있습니다.

친족 간의 재산범죄는 국가가 관여해 형사처벌을 하는 것이 적절하지 않고 친족 내부에서 스스로 해결하도록 하는 취지인데, 재산범죄라도 강도죄의 경우는 물리적 유형력의 행사, 즉 폭행이나 협박이 존재하기 때문에 친족상도례의 적용을 받지 않습니다.

형법

제329조(절도) 타인의 재물을 절취한 자는 6년 이하의 징역 또는 1천만 원 이하의 벌금에 처한다.

제344조(친족 간의 범행) 제328조의 규정은 제329조 내지 제332조의 죄 또는 미수범에 준용한다.

제328조(친족 간의 범행과 고소) ① 직계혈족, 배우자, 동거친족, 동거가족 또는 그 배우자 간의 제323조의 죄는 그 형을 면제한다.
② 제1항 이외의 친족 간에 제323조의 죄를 범한 때에는 고소가 있어야 공소를 제기할 수 있다.
③ 전 2항의 신분관계가 없는 공범에 대하여는 전 이항을 적용하지 아니한다.

더 나은 법을 위한 생각 나누기

기업의 준법경영은 이제 선택의 문제가 아니라 글로벌 기업으로 성장하기 위한 필수적인 요소가 됐습니다. 대기업이나 경영진에 의한 범죄행위를 은폐하기 위해 임직원들이 조직적으로 증거인멸을 시도했다면, 그러한 행위는 정당화되기 어려울 것입니다. 오히려 투명하고 깨끗한 사회풍토를 만들기 위해서는 임직원이 회사의 중대한 범죄행위를 신고할 수 있도록 이를 장려하고, 이들을 보호할 필요가 있습니다.

공익신고자 보호법에서는 이러한 내부 공익신고자들을 보호하고, 지원하며, 이들이 직장 내에서 불이익을 받지 않도록 여러 규정들을 두고 있습니다. 물론 이러한 법이 있다고 해도 아직까지 우리 사회에서 내부 공익신고자들이 충분히 보호받지는 못하는 것이 현실입니다. 공익신고자들을 보호하기 위한 현실적인 방안으로는 어떤 것이 있을까요?

로펌 변호사가 하는 일

2019년 1월 기준으로 변호사가 2만 5천 명을 넘어섰는데도 여전히 업무를 하다 만나는 일반인들 중에는 "변호사를 처음 본다"거나 "변호사 사무실에 처음 와 봤다"는 분들이 종종 있습니다. 살면서 변호사를 만날 일이 없으면 좋은 것 아니냐는 생각을 하는 분도 있을 텐데, 변호사는 분쟁이 발생했을 때만 만나는 사람이라는 인식을 하고 계시기 때문입니다. 2019년 기준 변호사 1인당 월평균 사건 수임 건수 1.2건이라는 서울지방변호사회의 연구자료를 토대로 변호사 시장이 불황이라는 기사가 있었습니다. 이 연구자료에 대해 1.2건은 민사소송만 포함하고, 형사·행정 등의 사건은 제외됐다는 반박이 있기도 했습니다. 연구자료나 반박 주장 모두 분쟁 사건만을 고려한 것이고, 전체 변호사의 업무나 법률 시장 현황을 제대로 반영한다고 보기 어렵습니다.

송무와 자문으로 구분되는 변호사 업무

로펌(Law firm)은 변호사법상 공식 용어는 아니고, 여러 명의 변호사가 함께 근무하는 사무소를 부르는 표현입니다. 변호사법은 변호사 사무실의 형태에 따라 ① 법률사무소, ② 법무법인, ③ 법무법인(유한), ④ 법무조합으로 구분하고 있고, 보통 대형 법무법인이나 법무조합을 로펌이라고 부릅니다.

로펌의 업무는 크게 송무와 자문으로 구분이 되는데, 송무는 일반인이 생각하는 민·형사 등의 분쟁 업무를 의미하고, 자문은 평상시에 법적 문제에 대해 검토 및 의견을 주는 업무입니다. 일반인은 자문이라는 변호사의 업무 분야를 잘 알지 못하거나 송무 업무를 처리하는 과정에서 무료로 제공하는 서비스 정도로 인식하는 경우가 많지만, 기업들은 당장 분쟁이 없더라도 사업 수행 과정에서 변호사의 자문 서비스를 받는 경우가 상당히 많습니다.

송무와 자문 변호사는 법적으로 구분되는 것이 아니어서 변호사라면 누구나 두 가지 업무를 다 할 수 있습니다. 그러나 일반적으로 구분을 해보자면, 각 법원 주변에 위치한 개인 또는 소규모 법률사무소는 송무에 특화되어 있는 반면, 대형 로펌은 송무와 자문 업무를 담당하는 변호사가 구분되어 있고, 중소형 로펌은 송무와 자문 부서를 명확히 구분하지 않고 모두 수행하는 경우가 많습니다. 물론 이러한 분류는 통상적인 경향을 의미하는 것이고, 최근에는 개인 또는 소규모 법률사무소도 송무가 아닌 자문을 주로 하는 경우도 있고, 특정 전문 분야에 한해 송무와 자문 구분 없이 모두 수행하는 경우도 있습니다.

대형 로펌의 경우 자문 부서의 인력이나 업무가 더 많습니다. 그 이유는 대형 로펌의 주요 고객인 기업은 법적 분쟁이나 법 위반 사건으로 인한 경영상의 어려움을 경험했기 때문에 사전 예방 차원에서 법적 검토를 할 필요성을 인식하고 그에 대한 투자를 하기 때문입니다. 예를 들어 기업을 매매하는 거래, 즉 인수 합병의 경우 기업을 인수하려는 측에서는 해당 기업의 사업이 법적으로 문제가 없는지 사전에 검토하게 되고, 법적 위험성을 확인한 경우 매매대금 조정을 제안하거나 추후 일정 기간 이내에 실제로 법 위반으로 인한 손실이 발생할 경우 매도인 측에게 배상을 요구할 수 있는 안전장치를 계약서에 포함시켜둡니다.

사전에 법률 검토와 위험성을 진단하는 자문 업무

또 다른 예로는 새로운 사업 모델을 고려하는 경우에는 사전에 법 위반 여부를 검토해야 합니다. 법 위반 여부가 명확하지 않으면 유관기관의 유권해석을 받아 두는 방안도 고려해야 하고, 복수의 로펌 의견서를 받아서 혹시라도 추후에 수사기관 등에 의해 위법으로 판단될 가능성이 있는지 살펴봐야 합니다. 해당 사업으로 인해 얻을 수 있는 이익과 위법으로 판단될 위험성을 비교 형량해서 사업 진행 여부를 결정하는 것은 경영상의 판단입니다. 다만 그런 판단을 위해 사전에 정확한 법률 검토와 위험성을 진단하는 일은 필수적으로 진행되어야 합니다.

뉴스에는 일반인들의 소소한 법적 분쟁보다는 주로 대기업이나 그 대주주 일가가 법을 위반한 사건이 등장합니다. 대개 이런 사건들은 대형 로펌의 전직 판사 또는 검사 출신 변호사가 담당하기 때문에 일반인은 대형 로펌이 소위 대기업 오너 일가의 사건만을 담당하는 것으로 오해하는 경우가 있습니다. 그러나 대형 로펌에서 담당하는 대부분의 사건은 자문 사건이고, 그러한 자문 업무는 법 위반을 예방하는 역할을 하기 때문에 송무와는 다른 존재의 이유가 있습니다.

늘어난 변호사 숫자로 법률 시장의 문턱이 낮아져서 보다 많은 고객이 변호사의 자문 업무를 받아 법적 분쟁을 예방할 수 있으면 좋겠습니다.

PART 6.

알아두면 도움되는

수사부터 재심까지

'혐의가 의심되면'

압수수색 영장은 언제 발부되나?

압수수색과 관련한 영장주의는 특정한 피고인의 특정 범죄에 대해
특정 시간에 특정 장소와 특정 대상에 대한
압수수색을 허용하는 취지입니다.
특정 범죄에 대한 혐의, 압수수색의 필요성,
해당 사건과의 관련성을 요구하는 것은
언제 어디서나, 또는 어떤 대상에 대해서나
광범위하고 일반적인 영장을 발부할 수는 없다는 것을 의미합니다.
따라서 압수수색 영장에서 허용한 범위를 초과해 압수한 물건,
별건으로 압수한 물건이 해당 혐의에 관한 유일한 증거라고 하더라도,
그 증거능력을 인정하지 않습니다.

현직 법무부 장관 자택에 대한 압수수색

현직 법무부 장관의 자택을 압수하며 강제수사하는 전례 없는 일이 발생했습니다. 검찰은 특수부 검사와 수사관 등 3명을 투입해 자택 내 PC 하드디스크와 업무 관련 기록 등을 확보했습니다.

이 과정에서 무려 9시간이나 압수수색이 진행됐고, 압수수색 현장에 있던 가족이 쓰러졌다는 말이 들리면서 분위기가 매우 격앙되기도 했습니다.

압수수색 영장의 발부와 집행

압수수색 영장은 언제 발부되나?

우선 압수수색 영장이 발부됐다면 법원이 범죄의 혐의가 있다고 인정한 것인가에 대한 의문이 들 수 있습니다. 하지만 법원은 '범죄의 혐의'가 있을 때가 아닌 '의심의 정황'이 있을 때, 그리고 '범죄 수사에 필요하다고 판단될 때' 압수수색 영장을 발부하기 때문에 압수수색 영장이 발부됐다는 이유만으로 혐의가 인정됐다고 볼 수는 없습니다.

이 압수수색 영장은 구속영장과 약간 차이가 있습니다. 구속영장은 죄를 범했다고 '의심할 만한 상당한 이유'가 있는 경우에 발부됩니다. 반면 압수수색 영장은 죄를 범했다고 '의심할 정황'이 있을 경우면 발부되기 때문에 상대적으로 더 쉽게 발부되는 경향이 있습니다. 통상적으로 범죄의 여부에 대해 의심할 정황이 어느 정도는 있어야 수사가 개시되고, 수사한 이후에야 혐의를 확인할 수 있기 때문에 수사기관이 요청하면 법원은 압수수색 영장을 발부해주는 경우가 많습니다. 다만, 압수는 해당 사건과 관계가 있다고 인정할 수 있는 것에 한정하기 때문에 별도 사건에 관한 증거를 압수하는 것은 금지됩니다. 또한 회사 업무와 관련된 범죄에 대해 회사 내에 증거가 남아 있을 가능성이 높다면, 임직원의 자택에 대한 압수수색은 범죄와 관련성이 낮고 사생활의 평온을 해할 수 있기 때문에 압수수색의 장소는 회사로 제한될 가능성이 높습니다.

형사소송법

제215조(압수, 수색, 검증) ① 검사는 범죄수사에 필요한 때에는 피의자가 죄를 범하였다고 의심할 만한 정황이 있고 해당 사건과 관계가 있다고 인정할 수 있는 것에 한정하여 지방법원판사에게 청구하여 발부받은 영장에 의하여 압수, 수색 또는 검증을 할 수 있다.
② 사법경찰관이 범죄수사에 필요한 때에는 피의자가 죄를 범하였다고 의심할 만한 정황이 있고 해당 사건과 관계가 있다고 인정할 수 있는 것에 한정하여 검사에게 신청하여 검사의 청구로 지방법원판사가 발부한 영장에 의하여 압수, 수색 또는 검증을 할 수 있다.

압수수색 영장은 어떻게 집행되나?

압수수색 과정에서 변호사의 참여가 가능하지만, 수사기관이 변호사가 압수수색 현장에 올 때까지 기다려줄 의무는 없습니다. 압수수색을 당하는 사람에게 미리 선임한 변호사가 없는 경우도 많고, 설사 변호사가 있다고 하더라도 해당 변호사가 그 시간에 다른 일정이 있을 수도 있으며, 일정이 가능하더라도 사무실의 위치가 먼 경우에는 현장에 도착할 때까지 변호사가 없는 상태에서 압수수색이 진행될 수 있습니다.

압수수색 영장에는 압수할 물건, 수색할 장소가 정해져 있고, 어떠한 혐의사실과 관련된 것인지 등 상당히 많은 정보가 기재되어 있습니다. 예를 들어, 회사를 압수수색하는 경우 어떤 임직원의 물건 또는 어느 부서 사무실을 압수수색할 수 있는지 명시되어 있고, 핸드폰과 컴퓨터의 압수수색이 가능한지도 기재되어 있습니다. 또한, 어떤 혐의와 관련된 압수수색인지 언급이 되어 있기 때문에 현재 수사기관이 의심하고 있는 내용을 알 수 있고, 별건 압수수색이 되지 않도록 확인할 수 있는 정보가 포함되어 있습니다.

그러나 압수수색 현장에서 변호사의 조력을 받지 못하는 경우, 법률 지식이 부족한 당사자로서는 수사기관이 압수수색 영장에서 허용된 범위를 초과해 압수해도 이를 알지 못하고, 막지도 못하는 상황이 발생할 수 있습니다. 일반인이 압수수색 영장의 내용을 제대로 숙지하기 어렵고, 허용된 범위에 대해 검사 또는 수사관과 이견이 있어도 제대로 이의를 제기하지 못하고, 그대로 압수수색을 허용하는 경우가 많아 문제가 될 수 있습니다.

LAW

형사소송법

제114조(영장의 방식) ① 압수·수색영장에는 피고인의 성명, 죄명, 압수할 물건, 수색할 장소, 신체, 물건, 발부년월일, 유효기간과 그 기간을 경과하면 집행에 착수하지 못하며 영장을 반환하여야 한다는 취지 기타 대법원규칙으로 정한 사항을 기재하고 재판장 또는 수명법관이 서명날인하여야 한다.

제121조(영장집행과 당사자의 참여) 검사, 피고인 또는 변호인은 압수·수색영장의 집행에 참여할 수 있다.

최근에는 컴퓨터나 USB 메모리 등에 포함된 파일을 압수수색하는 경우가 많습니다. 이 경우 수사기관은 파일들을 통째로 전부 복사해 가져갈 수는 없고, 일일이 파일을 확인해 혐의사실과 관련된 정보만 출력하거나 복사해 가져갈 수 있는 것이 원칙입니다. 다만, 컴퓨터 등에 포함된 파일의 양이 방대해 압수수색 현장에서 이를 전부 확인하기 어려운 경우에는 컴퓨터 등에 포함된 정보 자체를 그대로 복사, 소위 '이미징'을 하고, 그로 인해 생성된 복사본을 전용 봉투에 넣어 봉한 후 압수하기도 합니다.

이러한 경우에는 추후 수사기관과 합의한 일시에 컴퓨터 등의 소지자나 변호인이 수사기관을 방문해 복사본이 들어 있는 봉투를 개봉한 후 전자정보에 대한 수사방식, 소위 '포렌식'으로 복사본 파일을 함께 검토해 혐의사실과 관련된 자료를 추리는 절차를 진행하게 됩니다.

형사소송법

제106조(압수) ③ 법원은 압수의 목적물이 컴퓨터용디스크, 그 밖에 이와 비슷한 정보저장매체(이하 이 항에서 "정보저장매체 등"이라 한다)인 경우에는 기억된 정보의 범위를 정하여 출력하거나 복제하여 제출받아야 한다. 다만, 범위를 정하여 출력 또는 복제하는 방법이 불가능하거나 압수의 목적을 달성하기에 현저히 곤란하다고 인정되는 때에는 정보저장매체 등을 압수할 수 있다.

더 나은 법을 위한 생각 나누기

압수수색에는 변호사가 참가할 수 있지만, 갑작스럽게 들이닥친 수사관들에 의해 미리 변호사가 오지 못할 수 있고, 또 수사관은 변호사를 기다릴 의무가 없습니다. 이런 부분은 피의자에게는 매우 불리하게 작용할 수 있기 때문에 변호사의 조력을 받을 권리가 실질적으로 보장되도록 제도가 개선될 필요가 있습니다.

압수수색과 같은 강제수사는 형사 사건에서 반드시 필요한 것이지만, 이로 인해 피의자의 권리가 필요 이상으로 부당하게 침해되어서는 안 됩니다. 수사기관은 압수수색 영장을 청구하는 단계부터 이를 집행할 때까지 신중을 기해야 합니다.

구속수사를 받게 된 전 법무부 장관의 가족

수사와 재판의 대상이 된 사람에게
일차적으로 가장 두려운 것은 바로 '구속'입니다.
우선 신체의 자유를 박탈당하는 것에 대한 공포감이 있는 것은 물론,
효과적인 변론을 하기에도 매우 불리한 처지에 놓이게 됩니다.
그런데 국민 정서상 어떤 경우는 구속이 되어야 할 것 같은데,
되지 않는 경우도 있습니다.
또 일반적으로 '구속이 됐다' 라고 하면
이미 유죄라고 생각하는 경향도 있습니다.
그러나 구속이 됐다고 반드시 유죄인 것은 아닙니다.
반대로 구속이 되지 않았다고 해서
반드시 무죄 또는 낮은 형량이 선고된다고 기대할 수도 없습니다.

법무부 장관 가족에 대한 검찰 수사

지난 2019년 8월부터 당시 법무부 장관 후보자 신분이었던 조국 전 장관에 대한 수사가 본격적으로 이뤄졌고, 그 후 100일이 넘도록 조 전 장관의 자택 등 최소 40여 곳에 대한 압수수색이 이뤄졌습니다. 그뿐만이 아닙니다. 조 전 장관의 5촌 동생, 동생, 부인이 모두 구속되어 재판에 넘겨진 상태입니다.

이렇게 전례 없는 일가(一家)에 대한 수사가 정당한 것인지에 대해서 비판의 목소리가 높습니다. 이번 사안을 계기로 법적으로 구속영장이 어떤 사유로 발부되는지를 이야기해보고자 합니다.

범죄를 저지르면 구속이 된다?
구속영장이 발부되는 몇 가지 이유들

구속사유

구속영장은 검찰이 청구하고, 영장실질심사를 거쳐 법원이 발부하게 됩니다. 일차적으로 수사를 한 경찰은 직접 법원에 영장을 청구할 수 없고, 검찰에 구속영장 청구를 하도록 신청을 할 수 있을 뿐이며, 검찰이 그 내용을 검토해 구속영장 청구 여부를 결정하게 됩니다. 경찰이 구속의 필요성이 있다고 판단해도 검찰이 달리 판단하면 법원의 판단 자체를 받을 수 없습니다. 따라서 검찰의 구속영장 청구권은 강력한 권한이고, 이러한 권한을 검찰이 독점하도록 하는 것이 타당한지 여부는 검·경 수사권 조정에서 논의되는 주요 쟁점입니다.

수사기관은 일반적으로 중한 범죄를 저지른 피의자를 구속해 왔습니다. 그러다 보니 구속이 곧 수사의 성공으로 인식되고, 구속 자체가 피의자에 대한 처벌로 보이는 것도 사실입니다. 그러나 '범죄의 중대성'만 기준으로 구속 여부가 결정되는 것은 아닙니다. 즉, 구속을 하기 위해서는 크게 두 가지 사유, 첫째는 죄를 범했다고 의심할 만한 상당한 이유가 있어야 하고, 둘째는 일정한 주거가 없거나 증거인멸, 또는 도망에 대한 염려가 있어야 합니다. 이외에도 범죄의 중대성, 재범의 위험성, 피해자 및 중요 참고인 등에 대한 위해 우려 등도 고려됩니다. 하지만 구속이 됐다고 해서 무조건 높은 형량을 받는 것은 아닙니다. 구속됐다가 무죄가 선고되거나, 벌금형과 같은 낮은 형이 선고되는 경우도 있기 때문입니다.

국민적 관심사가 되는 사건은 대개 고위 공직자, 국회의원, 기업인, 연예인 등이 피의자가 되는 경우가 많은데, 이들이 일정한 주거가 없을 리는 없습니다. 다만 증거인멸 또는 도망의 염려가 있는지가 쟁점이 되는 경우가 많습니다. 범행을 모두 자백하거나 사실관계를 인정하고 증거가 모두 수집된 상태, 그리고 피의자의 사회적 지위 등으로 도망할 가능성이 낮은 경우에도 구속사유가 인정되지 않을 수 있습니다. 이 부분은 일반인들이 납득하기 어려울 수도 있습니다. 그러나 우리 법에는 '무죄추정의 원칙'이라는 것이 있습니다. 만약 구속될 경우에는 수사와 재판과정에서 방어권 보장을 제대로 할 수 없기 때문에 최대한 구속을 하지 않는 것이 기본적인 판단의 기준이라고 할 수 있습니다. 하지만 구속하지 않을 경우 범죄자의 처벌이 어려운 예외적인 경우에는 구속하는 것이 타당합니다.

설사 수사단계에서 구속이 되지 않더라도 추후 실형의 유죄 판결을 받게 되면 구속이 됩니다. 이런 경우 구속이 된 날부터 형기가 산정됩니다. 만약 이미 구속이 됐다면, 그 구속기간이 모두 형기에 포함이 됩니다. 따라서 불구속 상태에서 재판을 받는다고 해서 형 집행 과정에서 별도의 혜택은 존재하지 않습니다. 오히려 실형이 선고될 것이 명확한 중대한 범죄를 저질렀다면 불구속으로 재판을 받아도 그 기간 동안 정상적인 경제활동이나 사회생활이 어려운 경우가 많습니다. 따라서 구속되어 재판을 받는 것이 오히려 시간적으로 유리할 수도 있고, 어떤 피의자 또는 피고인은 차라리 구속을 원하는 경우도 있습니다.

LAW

형사소송법

제70조(구속의 사유) ① 법원은 피고인이 죄를 범하였다고 의심할 만한 상당한 이유가 있고 다음 각 호의 1에 해당하는 사유가 있는 경우에는 피고인을 구속할 수 있다.

1. 피고인이 일정한 주거가 없는 때
2. 피고인이 증거를 인멸할 염려가 있는 때
3. 피고인이 도망하거나 도망할 염려가 있는 때

② 법원은 제1항의 구속사유를 심사함에 있어서 범죄의 중대성, 재범의 위험성, 피해자 및 중요 참고인 등에 대한 위해 우려 등을 고려하여야 한다.

제201조(구속) ① 피의자가 죄를 범하였다고 의심할 만한 상당한 이유가 있고 제70조제1항 각 호의 1에 해당하는 사유가 있을 때에는 검사는 관할 지방법원판사에게 청구하여 구속영장을 받아 피의자를 구속할 수 있고 사법경찰관은 검사에게 신청하여 검사의 청구로 관할지방법원판사의 구속영장을 받아 피의자를 구속할 수 있다.

원칙은 불구속수사

그런데 설사 구속영장이 청구됐다고 하더라도 피의자는 자신을 방어할 '구속영장 실질심사'를 받을 수 있습니다. 구속영장 실질심사 과정에서 피의자는 범죄의 혐의가 없고, 구속의 필요성이 없다는 점을 주장하면서 자신을 방어할 수 있습니다. 다만, 구속영장 청구 후 1~2일 이내에 영장 실질심사가 이뤄지기 때문에 피의자가 자기방어 준비를 위한 시간이 부족할 수 있습니다.

더구나 이 상태에서 피의자는 자신의 수사기록을 보지 못한 상황이며, 구속영장 청구서만 보고 방어를 해야 하는 악조건에 처하게 됩니다. 기소가 된 이후라면 재판과정에서는 피고인이 수사기록을 열람할 수 있고, 어떠한 진술이나 증거에 의해 자신이 혐의를 받고 있는지를 확인해 적절한 방어권을 행사할 수 있습니다.

그러나 영장 실질심사 과정에서는 검찰이 어떠한 진술이나 증거를 가지고 있는지 알 수 없기 때문에 사전에 대비를 하기가 무척 어렵습니다. 그 때문에 심사 과정에서 피의자가 예상하지 못하거나 제대로 기억하지 못하는 내용에 대해 효과적인 변론을 하지 못해 구속영장이 발부되는 경우가 있습니다. 이러한 점을 고려할 때, 범행을 부인하는 피의자에 대해서는 억울하게 구속됐다가 추후 무죄가 선고되는 경우가 발생하지 않도록 구속사유를 엄격하게 판단하고 불구속수사의 원칙을 따르는 것이 바람직하다고 생각합니다.

한 가지 알아야 할 것은 법원이 구속영장을 기각했음에도 불구하고 검찰이 구속영장을 다시 청구할 수 있다는 점입니다. 검찰은 영장을 재신청하는 취지와 이유를 적어 신청을 합니다. 다만 여기에서 '몇 회까지 재청구를 할 수 있는가'에 대한 제한은 없습니다. 따라서 검찰이 법원의 구속영장 기각 이유를 잘 살펴서 보강 수사를 하거나 혐의를 입증할 만한 추가 증거를 찾아서 다시 구속영장을 청구하는 경우가 있습니다. 이러한 재청구는 특히 특수수사의 경우 이뤄지고는 합니다. 국정농단 사건에서 검찰은 전 민정수석에 대한 구속영장을 재재청구, 즉 세 차례 청구해서 끝내 구속영장을 발부받은 적도 있습니다.

형사소송법

제201조(구속) ⑤ 검사가 제1항의 청구를 함에 있어서 동일한 범죄사실에 관하여 그 피의자에 대하여 전에 구속영장을 청구하거나 발부받은 사실이 있을 때에는 다시 구속영장을 청구하는 취지 및 이유를 기재하여야 한다.

더 나은 법을 위한 생각 나누기

'불구속수사가 원칙'이기는 하지만, 구속수사가 필요한 경우도 분명히 있습니다. 신병을 확보해 형사소송의 출석을 보장하고, 증거인멸에 의한 수사와 심리의 방해를 제거해야 하기 때문입니다. 그러나 구속이 단순히 수사를 편하게 하기 위해 인정되어서는 안 됩니다. 또 피의자나 피고인을 심리적으로 압박해 자백을 받기 위해 구속하거나 수사 편의를 위해 구속해서도 안 됩니다.

한편 구속영장의 재청구 자체가 잘못된 제도라고 볼 수는 없지만, 어떻게 해서든지 구속해야만 수사가 성공하는 것은 아닙니다. 구속영장이 발부되지 않았다는 사실만으로 실패한 수사라거나 반대로 구속영장이 발부됐다고 해서 범죄자라고 단정하는 시각은 개선되어야 합니다.

공소장 변경을 부른 거짓말

공소장에는 죄명, 공소사실, 적용법조 및 범죄사실을 구체적으로 기재해야 합니다.

이는 검사가 의심하는 내용이 무엇인지를 정확히 알려주어 피고인의 방어권을 보장하기 위한 것입니다.

그런데 만일 범인이 수사과정에서 의도적으로 거짓말을 해서 잘못된 공소사실이 적시되었다면, 이 공소장의 효력은 어떻게 될까요?

이 공소장을 토대로 유죄 판결이 선고될 수 있을까요?

이와 관련해 공소장을 변경할 수 있는 경우는 언제인지, 공소장 변경의 한계는 어디까지인지를 알아봅시다.

수사과정에서 범행 방법에 대해 거짓말을 한 범인

한강 토막살인 사건의 범인 장대호가 교도소에서 작성한 53페이지짜리 일기장에는 범행 수법 등이 자세하게 기록되어 있었는데, 특히 시신을 훼손할 때 사용했던 도구를 어디에 숨겼는지 등의 내용이 포함되어 있었습니다. 그 외에도 본인만 알 수 있는 내용이 지도와 함께 자세하게 담겨 있었습니다.

경찰은 수차례 범행 장소인 모텔을 압수수색하고도 시신 절단 도구를 찾지 못했습니다. 그런데 취재진이 경찰과 함께 모텔을 찾아갔더니 현장에는 범행에 사용했던 도구가 그대로 남아 있었습니다. 취재진과의 교도소 접견에서 장대호는 "훼손 도구를 숨기기 위해 경찰과 검찰 조사에서는 시체 훼손을 다른 방식으로 했다고 일부러 둘러댔다" 라고도 말했습니다.

공소장의 기재와 같은 범죄인가, 다른 범죄인가? 공소장, 공소장 변경, 공소기각

공소장 기재내용

검사가 기소할 때 법원에 제출하고 피고인에게 제공되는 공소장에는 공소사실, 즉 피고인의 범죄사실에 대한 검사의 판단이 포함됩니다. 범죄의 일시와 장소, 범행의 방법이 명시되어 특정이 되어야 합니다. 이처럼 범죄사실을 구체적으로 기재하도록 한 이유는 피고인이 자신에 대한 혐의를 방어할 수 있도록 검사가 의심하는 내용이 정확히 무엇인지 알려주는 것이며, 만약 사실과 다른 부분이 있다면 이를 부인할 수 있는 기회를 주기 위한 것입니다.

예를 들어, 살인죄로 기소된 피고인은 범행을 부인하고 있는데, 검찰은 피고인이 식칼로 피해자의 왼쪽 가슴을 찔렀다고 공소사실을 기재한 후 피고인의 오른손 지문이 묻은 식칼을 증거로 제출했다고 해봅시다. 피고인은 이런 고소장을 본 후, 시체에 난 상처는 식칼이 아니라 장검으로 인한 것이고, 범인이 왼손잡이라는 전문가의 의견을 제시하는 방법으로 피고인이 아닌 제3자가 범인이라는 점을 주장할 수 있습니다.

또한, 이미 처벌받은 내용으로 다시 처벌받지 않기 위해서도 재판 과정을 통해서 처벌하는 행위가 무엇인지 명확하게 정해져야 합니다. 예를 들어 이미 마약을 투약한 혐의로 기소되어 처벌을 받은 피고인이 있다고 해봅시다. 이후 이 사람이 마약을 투약한 증거를 추가로 발견한 경우, 이 증거가 공소장에서 특정된 사안에 관한 것이라면 동일한 범죄에 대해 다시 처벌을 받을 수 없지만, 그것과는 다른 새로운 범죄라면 처벌을 받게 될 것입니다. 따라서 이 피고인이 과거의 범죄와는 다른 범죄를 저질렀다는 사실을 확인하기 위해서도 정확한 마약 투약의 일시, 장소와 방법이 명시되어야 합니다.

형사소송법

제254조(공소제기의 방식과 공소장) ③ 공소장에는 다음 사항을 기재하여야 한다.
1. 피고인의 성명 기타 피고인을 특정할 수 있는 사항
2. 죄명
3. 공소사실
4. 적용법조
④ 공소사실의 기재는 범죄의 시일, 장소와 방법을 명시하여 사실을 특정할 수 있도록 하여야 한다.

공소장 변경

검사는 재판 중에 공소사실이나 적용법조를 변경할 필요가 있다고 판단할 경우 법원의 허가를 얻어서 변경할 수 있고, 이를 공소장 변경이라고 부릅니다. 만약 공소장에는 칼을 이용해 피해자를 살해했다고 했는데, 피고인이 피해자를 살해한 것은 맞는데, 칼이 아니라 약물을 이용했다면 범죄의 방법이 사실과 다르기 때문에 법원의 허가를 받아 공소사실을 변경하는 절차를 거쳐야 합니다. 만약 이러한 공소장이 변경되지 않은 상태에서 유죄 판결을 했는데, 추후 원래의 공소사실과 다른 부분이 발견된다면 그 재판은 여전히 유효할까요? 재판의 기초가 된 공소사실과 사건의 실체가 동일하다고 볼 수 없을 정도로 다르다면 재판은 무효가 되거나 재심의 대상이 되기도 합니다.

다만 검사가 공소장 변경을 신청하더라도 그 변경 내용이 기존 공소사실과 동일성이 없다고 판단되면 피고인이 방어권을 보호하기 위해 법원은 공소장 변경을 허용하지 않습니다. 예를 들어, '2019년에 20대 남성 종업원이 40대 여성과 요금 문제로 다투다 이 여성을 여관에서 칼로 살해했다'라고 공소를 제기했는데, 이를 '2015년에 20대 남성이 40대 여성을 야산에서 강간하려다 거부하자 목을 졸라 살해했다'라는 내용으로 공소를 변경하려 한다고 해봅시다. 이렇게 되면 사건의 일시, 장소, 원인, 범죄 방법이 달라지기 때문에 '완전히 다른 사건'으로 판단이 되며 공소장 변경이 허용되지 않습니다. 그럼에도 불구하고 공소를 그대로 유지한다면 결국 무죄가 선고될 것입니다.

형사소송법

第298조(공소장의 변경) ① 검사는 법원의 허가를 얻어 공소장에 기재한 공소사실 또는 적용법조의 추가, 철회 또는 변경을 할 수 있다. 이 경우에 법원은 공소사실의 동일성을 해하지 아니하는 한도에서 허가하여야 한다.

더 나은 법을 위한 생각 나누기

공소장의 공소사실을 명확히 기재해야 하는 것은 재판의 대상을 명확히 해서 피고인의 방어권 행사를 보호하기 위한 것입니다. 따라서 단순히 추상적으로만 범죄의 구성요건을 기재하고 구체적인 대상이나 범행 방법을 특정해서 기재하지 않으면 공소사실은 특정됐다고 볼 수 없습니다.

공소장의 변경에서도 가장 중요한 부분은 바로 '공소사실의 동일성'의 여부입니다. 기존 공소사실의 동일성이 인정되는 범위 내에서만 공소장 변경이 허용되기 때문입니다. 우리 법원은 공소사실이 동일한지 여부를 공소사실의 기초가 되는 사회적 사실관계가 기본적인 점에서 동일한가를 따집니다.

공소시효가 곧 도래한다는 등의 이유로 검사가 수사가 마무리되지 않은 상황에서 무리하게 기소를 하면서 공소장에 공소사실을 부실하게 기재하고, 이후 수사를 보충하면서 공소장을 변경하는 행위는 공소유지를 위해 불가피한 것일까요? 아니면 피고인의 방어권을 심각하게 침해하는 행위로 봐야 할까요?

처벌할 수 없게 되어버린 별장 성접대 사건

부패한 사회일수록 성접대와 뇌물이 성행하기 마련입니다.
우리나라도 과거보다는 부패가 많이 사라졌다고는 하지만
여전히 갈 길이 멉니다.
전 세계 180개국을 대상으로 하는 부패인식지수에서 우리나라는
45위이며, OECD 36개국 중에 30위권으로 최하위에 속합니다.
부패의 상징이라고도 할 수 있는 성접대와 뇌물 사건으로
우리나라를 뒤흔든 일이 있었으니 바로 윤중천, 김학의 사건입니다.
마치 영화 속 한 장면처럼 별장에서 이뤄진 성접대는
많은 국민의 분노를 불러일으켰습니다.
그런데 이 사건에 대해 검찰의 수사는 미진하기 이를 데 없었습니다.
시간을 놓친 수사의 결과는 범죄행위를 입증하고도
처벌을 못 하게 되는 결과를 낳고 말았습니다.

별장에서의 성접대 사건

윤중천 씨는 여성인 A씨를 협박해 김학의 법무부 전 차관을 비롯한 유력 인사들과 성관계를 맺도록 했고, 2006년 겨울경부터 이듬해까지 세 차례 A씨를 성폭행해 외상 후 스트레스 장애 등 정신적 상해를 입힌 혐의(강간치상)를 받았습니다. 이외에도 사기, 알선수재, 공갈, 무고의 혐의로 기소됐고 결심공판에서 검사가 13년의 징역을 구형했습니다. 이에 대해 재판부는 12개 공소사실 가운데 사기, 공갈미수, 알선수재 등 5개 혐의에 대해서만 유죄를 인정했고, 김 전 차관과 윤 씨를 둘러싼 의혹의 핵심이었던 성폭행 관련 혐의는 면소(免訴, 공소권이 없어져 기소를 면하는 일) 또는 공소기각 판결을 했습니다.

강간치상 혐의는 수차례의 강간행위로 인해 외상 후 스트레스 장애를 입게 했다는 것이었습니다. 하지만 법원은 A씨의 정신적 상해가 성폭행으로 인한 것으로 보기에는 증거가 부족하다고 하면서, 강간치상이 아니라 강간죄로 판단했습니다. 그런데 이에 대해 범행 당시를 기준으로 10년의 공소시효가 적용되면 이 기간이 모두 경과했다는 결론에 이르렀습니다.

한편 김학의 전 차관은 윤중천 씨 등으로부터 성접대와 약 1억 8천만 원의 금품을 받은 혐의(뇌물수수)로 기소되어 다른 재판부에서 재판이 진행됐습니다. 이 재판에서 법원은 이른바 '김학의 동영상', '김학의 사진'에 등장하는 남자가 김 전 차관이 맞다고 판단했지만, 일부 뇌물혐의는 무죄를 선고하고, 김 전 차관이 받은 뇌물액수가 1억 원 미만이어서 시효 10년이 지났다는 이유로 면소 판결을 내렸습니다.

성접대는 맞는데, 처벌은 못 한다고?
공소시효의 의미

윤중천 씨는 피해 여성에게 유명인사에 대한 성접대를 강요하고 정신적인 피해를 입혔다는 강간치상 의혹 등 여러 가지 혐의로 기소가 됐지만, 막상 뇌물혐의는 빠져 있고 강간치상의 혐의도 면소 판결을 받았습니다. 김학의 전 법무부 차관은 성접대를 포함한 1억 8천여만 원의 뇌물을 받은 혐의로 구속 기소되어 재판을 받았지만, 이에 대해 마찬가지로 면소판결이 내려졌습니다. 이런 결과가 나온 이유는 범죄마다 정해진 공소시효 때문입니다. 과연 공소시효는 무엇이고 왜 필요할까요?

공소시효는 범죄를 저지른 후 일정한 기간이 지난 경우 검사가 기소를 하지 못하도록 해서 결과적으로 처벌을 하지 않는 제도입니다. 이는 법적 안정성을 고려한 것인데, 쉽게 이야기하면, 범죄가 발생한 이후 시간이 많이 지나면 증거 확보가 어려워 현실적인 처벌이 어렵고, 오랜 시간 처벌을 받지 않고 유지된 피의자의 생활의 안정 등을 보호하자는 취지입니다. 하지만 화성 연쇄살인범처럼 살인행위가 한참 지나 밝혀져도 처벌을 못 한다는 점은 분명 정의에 반한다는 생각이 드는 것도 사실입니다. 이러한 점을 고려해서 지난 2015년 7월 31일 형사소송법을 개정해 살인죄의 경우는 공소시효를 폐지했지만 다른 범죄나, 법 개정 전에 이미 공소시효가 지난 살인죄는 처벌할 수 없습니다.

뇌물을 받는 것과 제공한 것에 다른 공소시효?

이 사건에서 뇌물죄 부분을 다시 살펴보면, 뇌물을 제공한 경우에는 7년의 공소시효가 적용되지만, 뇌물을 받은 경우는 금액에 따라 처벌 수준과 공소시효가 달라집니다. 3천만 원 이상 1억 원 미만을 수뢰한 경우에는 10년, 1억 원 이상을 수뢰한 경우는 15년의 공소시효가 적용됩니다. 2006년경 1억 8천만 원 이상의 뇌물을 수수한 혐의를 받는 김 전 차관의 경우 15년의 공소시효가 적용되어 2019년에 기소를 할 수 있는 반면, 뇌물을 제공한 윤중천 씨는 7년이 이미 지나 기소를 할 수 없게 됐습니다. 다만 재판부는 김 전 차관이 받은 뇌물액수가 1억 원 미만이어서 공소시효가 10년이 지났다고 판단했습니다.

뇌물을 제공한 사람과 받은 사람 중 누가 더 나쁜가에 대해서는 논란이 있습니다, 우리 법률은 받은 사람을 더 엄하게 처벌하고 공소시효를 길게 적용합니다. 그 결과 이렇게 처벌의 불균형이 발생할 수 있습니다. 아마 과거에는 공무원의 권한이 막강해 강요하지 않더라도 뇌물을 제공할 수밖에 없는 상황이 많았던 점을 고려했던 것 같습니다. 하지만 시대가 변했으므로 이 부분도 다시 살펴볼 필요가 있겠습니다.

더 나은 법을 위한 생각 나누기

이 사건에 대해 검찰은 2013년, 2014년에도 수사를 했고, 당시 불기소 처분을 했습니다. 만일 이때 제대로 수사를 해서 기소했다면 공소시효가 완성됐다는 이유로 피고인들이 처벌을 면하는 일은 없었을 것입니다.

윤중천 씨 사안에서 법원도 "검찰은 2013년에 이미 피고인을 수사했는데, 성접대 부분에 관해 뇌물공여죄가 성립하는지는 판단하지 않고, 성폭력 혐의만 판단한 다음 대부분 불기소했다"고 보았습니다. 그러면서 "6년이 지난 지금에 이르러 성접대를 뇌물로 구성해서 김학의에게는 뇌물죄를 적용해 기소한 한편, 피고인의 뇌물공여 혐의는 공소시효(5년)가 지나버리자 검찰은 성접대 부분이 피고인의 강간에 의한 것이고, 그로 인해 피해 여성이 외상 후 스트레스 장애를 입었다며 강간치상 혐의로 기소했다"라고 했습니다. 한편 "2013년에 검찰이 적절하게 형사권을 행사했다면 피고인이 적절한 죄목으로 형사법정에 섰을 것"이라고 지적했습니다.

성접대 의혹에 대한 검찰의 수사와 불기소 처분이 부적절했다는 점을 지적한 것입니다. 이러한 검찰의 수사 실패와 불기소 처분에 대해 아무도 책임지지 않는 문제는 어떻게 개선할 수 있을까요?

재판의 전제가 된 법률이 위헌이라고 생각된다면

우리 헌법은 국민의 기본권을 규정하고 있습니다.

이러한 국민의 기본권이 침해되는 경우,

이를 구제하는 방안이 마련되어 있습니다.

대표적인 것이 헌법소원 제도이고,

그 외에도 기본권 침해 유형에 따라 다양한 방법이 동원될 수 있습니다.

예를 들어 국회에서 법률을 제정해야 함에도 제정하지 않고 있는 경우

국민은 국회에 입법청원을 할 수도 있습니다.

그런데 어떤 법률규정이 국민의 기본권을 침해한다면

이에 대해서는 어떻게 구제받을 수 있을까요?

최근 공직선거법 위반혐의로 당선무효형을 선고받은

이재명 경기도지사는 자신에게 적용된 법조항이

헌법에 위반되는지의 여부를 판단해줄 것을 청구했습니다.

이 사안에서 거론되는 위헌법률심판 제도에 관해 살펴봅시다.

뉴스

위헌법률심판 제청을 신청한 이재명 지사

공직선거법 위반혐의로 항소심에서 당선무효형을 선고받은 이재명 지사가 공직선거법과 형사소송법 조항이 헌법에 위반된다며 대법원에 위헌법률심판 제청신청을 했습니다.

이재명 지사의 직권남용 권리행사 방해와 공직선거법 위반혐의에 대해 1심에서는 전부 무죄가 선고됐지만, 항소심 재판에서는 공직선거법상 허위사실공표죄가 유죄로 인정되어 벌금 300만 원형이 선고됐습니다. 만약 대법원에서 확정되면 당선이 무효가 되고, 향후 5년간 공직선거에도 출마할 수 없게 됩니다.

악법도 법인가?
악법인지 다툴 수 있는 방법, 위헌법률심판

위헌법률심판 제청신청이란?

법원은 재판과 관련된 법률이 헌법에 위반됐다고 볼 여지가 있다고 여겨지면, 헌법재판소에 해당 법률이 헌법에 위반되는지 여부를 심판해줄 것을 요청합니다. 이를 '위헌법률심판 제청'이라고 합니다. 재판의 당사자가 직접 헌법재판소에 재판의 전제가 된 법률의 위헌여부를 심판해 달라고 청구할 수는 없고, 우선 법원을 통해야 합니다.

즉, 재판을 받는 당사자가 법원에 위헌법률심판 제청을 신청할 수 있고, 법원은 그 신청이 이유 있다고 판단되면 헌법재판소에 위헌법률심판 제청을 하게 됩니다. 이때 당사자의 신청을 '위헌법률심판 제청신청'이라고 합니다.

헌법재판소법

제41조(위헌 여부 심판의 제청) ① 법률이 헌법에 위반되는지 여부가 재판의 전제가 된 경우에는 당해 사건을 담당하는 법원(군사법원을 포함한다. 이하 같다)은 직권 또는 당사자의 신청에 의한 결정으로 헌법재판소에 위헌 여부 심판을 제청한다.

이러한 위헌법률심판 제청신청이 있다고 해서 법원이 반드시 헌법재판소에 위헌법률심판을 제청하지는 않습니다. 법원에서 1차적으로 위헌 여부를 판단해서 당사자의 신청이 이유가 없다고 판단하면 기각하게 됩니다. 이 경우 당사자는 직접 헌법재판소에 위헌법률심판을 요청하는 헌법소원을 할 수 있습니다.

헌법재판소법

제68조(청구 사유) ② 제41조제1항에 따른 법률의 위헌 여부 심판의 제청신청이 기각된 때에는 그 신청을 한 당사자는 헌법재판소에 헌법소원심판을 청구할 수 있다. 이 경우 그 당사자는 당해 사건의 소송절차에서 동일한 사유를 이유로 다시 위헌 여부 심판의 제청을 신청할 수 없다.

위헌법률심판 제청신청을 한 이유

그러면 이 사안에서 재판의 전제가 된 법률이 헌법에 위반되는지 판단을 구하는 이유를 살펴봅시다. 먼저 우리나라는 3심제를 택하고 있어 대법원이 최종적으로 판단하게 되지만 대법원이 모든 사건을 다 심사하지는 않습니다. 예외적인 사유가 존재하는 경우에만 대법원에 상고해 판단을 구할 수 있으며, 이를 위해서는 일반적으로 두 가지 요건이 적용되어야 합니다. 첫 번째는 '판결에 영향을 미친 헌법·법률·명령 또는 규칙의 위반이 있는 때'와 두 번째는 '사형, 무기 또는 10년 이상의 징역이나 금고가 선고된 사건에 한해 중대한 사실의 오인이 있거나 양형이 심히 부당하다고 인정할 현저한 사유가 있는 때'입니다. 통상적으로 2심 판결이 헌법이나 법률에 위반됐다고 주장하면서 상고를 하지만 인정되는 경우가 많지 않습니다. 따라서 대부분은 10년 이상의 징역인 중형이 선고된 경우에 형량을 낮추기 위해 상고를 하게 됩니다.

그런데 공직선거법 위반 사건은 10년 이상의 징역이 선고되는 경우가 거의 없기 때문에 사실인정을 잘못했거나 형이 높다는 이유로 상고할 수가 없습니다. 이에 대해 이재명 지사 측은 공직선거법상 벌금 100만 원 이상의 형을 받으면 당선이 무효가 되고, 5년간 피선거권 박탈 등 사실상 '정치적 사망'을 선고받는데도, 대법원에서 양형의 부당을 다툴 수 있는 예외 규정을 두지 않은 것은 '과잉금지 및 최소침해 원칙' 등에 반한다고 주장을 하면서 위헌법률심판 제청신청을 했습니다.

LAW

형사소송법

제383조(상고 이유) 다음 사유가 있을 경우에는 원심판결에 대한 상고 이유로 할 수 있다.

1. 판결에 영향을 미친 헌법·법률·명령 또는 규칙의 위반이 있는 때
2. 판결 후 형의 폐지나 변경 또는 사면이 있는 때
3. 재심 청구의 사유가 있는 때
4. 사형, 무기 또는 10년 이상의 징역이나 금고가 선고된 사건에 있어서 중대한 사실의 오인이 있어 판결에 영향을 미친 때 또는 형의 양정이 심히 부당하다고 인정할 현저한 사유가 있는 때

대법원이 당사자의 신청을 받아들여서 헌법재판소에 위헌법률심판 제청을 하면, 헌법재판소의 위헌 여부의 결정이 있을 때까지 당해 형사 사건의 재판은 중단됩니다. 법률은 국민의 대표자인 국회에서 제정되기 때문에 이를 위헌이라고 판단하는 심판절차는 상당히 신중하게 이뤄집니다. 따라서 최소 1년 이상 소요되고 수년이 걸리는 경우도 많습니다. 위헌법률심판 제청신청은 많지만 그러한 신청을 받아들여 법원이 제청을 하는 경우는 매우 적습니다. 만일 이재명 지사의 신청을 받아들여 법원이 헌법재판소에 위헌법률심판을 제청하게 되면 이 지사의 임기 내에 공직선거법 위반 여부에 대한 판결이 확정되지 않을 가능성이 높습니다.

헌법재판소법

제42조(재판의 정지 등) ① 법원이 법률의 위헌 여부 심판을 헌법재판소에 제청한 때에는 당해 소송 사건의 재판은 헌법재판소의 위헌 여부의 결정이 있을 때까지 정지된다. 다만, 법원이 긴급하다고 인정하는 경우에는 종국재판 외의 소송절차를 진행할 수 있다.

더 나은 법을 위한 생각 나누기

형사소송법이 상고 이유를 제한한 것은 대법원의 업무량을 고려한 부분도 있습니다. 법원행정처에 따르면 지난해 대법원에 접수된 사건은 6만 건이 넘습니다. 대법관 14명 중 전원합의체 선고 사건에만 참여하는 대법원장과 재판 업무를 맡지 않는 법원 행정처장을 제외하면 사실상 12명의 대법관이 이러한 사건을 모두 심리해야 합니다. 따라서 이러한 상고제도를 개선해야 한다는 목소리가 높습니다.

지난 대법원장 시절에 한참 논의가 됐던 상고법원 설치도 이러한 상고제도 개선 방안의 하나였습니다. 상고법원을 설치해 대다수의 사건은 상고법원에서 해결하고, 대법원은 중요한 사건만 별도로 심의하자는 내용이었습니다. 이와 관련해 현 대법원장은 청문회 당시 상고허가제가 이상적인 방안이라는 입장을 표명했습니다. 상고제도 개편에 관한 논의는 사법농단에 대한 수사가 이어지면서 적극적으로 진행되지는 못한 면이 있습니다. 그러나 대법원 판결을 받을 권리도 중요하지만, 국민에게는 제대로 된 재판을 받을 권리도 있기 때문에 상고제도를 어떻게 운영해야 하는지에 대해 이제라도 구체적으로 논의가 되어야 할 것입니다.

사형을 당해도 괜찮다는 뻔뻔한 살인자

사람을 살해하고 사체를 절단해 내다 버리는 것은
차마 입에 담을 수도 없는 끔찍한 범죄입니다.
이런 범죄자에 대해서는 '사형'이라는 처벌을 해야 한다는 생각이
들기 마련이지만, 현실적으로 우리나라는 사형폐지국에 가깝습니다.
판사가 '가석방 없는 무기징역'을 선고한다고 하더라도,
현실적인 강제력은 없는 상황입니다.
한강 토막살인 사건의 피고인은 전혀 반성의 기색이 없이
"사형을 당해도 괜찮다"라고 말했습니다.
이에 대해 법원은 "피해자와 사법부까지 조롱하는 듯한 태도는
피고인을 우리 사회로부터 영구적으로 격리하는 것만이
죄책에 합당한 처벌"이라고 하면서,
결국 사형이 아닌 무기징역을 선고했습니다.

한강 토막살인 사건

자신이 근무하는 모텔에서 투숙객을 살해한 뒤 사체를 훼손한 '한강 토막살인 사건'의 피고인 장대호에 대해 재판부는 무기징역을 선고했습니다.

장대호는 피해자가 반말하는 등 시비를 걸고, 숙박비 4만 원을 주지 않는다는 이유로 마스터키로 모텔 객실 문을 열고 안으로 들어가 침대에 엎드려 자고 있던 피해자의 후두부를 둔기로 네 차례 내리쳐 피해자를 숨지게 했습니다. 이어 흉기를 이용해 피해자의 사체를 절단한 후 대용량 백팩, 가방 등에 담아 다섯 차례에 걸쳐 한강에 버렸습니다.

사형이 선고되지 않은 이유
무기징역, 현실적으로 가장 중한 형

장대호처럼 뻔뻔한 살인범에 대해서는 많은 국민이 사형이 선고되길 기대하곤 합니다. 하지만 이러한 기대와는 다르게 무기징역이 선고됐습니다. 우리나라는 최근 20년간 사형을 집행하지 않은 사실상 사형제 폐지국가이고, 최근에는 연쇄살인범이 아닌 이상 사형 선고도 잘 하지 않고 있습니다. 따라서 연쇄살인범이 아닌 피고인에게 선고된 무기징역은 현실적으로 가장 중한 형이 선고된 것으로 볼 수 있습니다.

피고인은 "아무리 생각해도 상대방이 죽을 짓을 했기 때문에 반성하지 않는다", "나쁜 놈이 나쁜 놈을 죽인 사건이다", "사형 구형해도 괜찮다" 라고 얘기하며 반성하지 않았습니다. 검찰은 피고인이 연쇄살인범이 아니었지만, 죄질이 나쁜 살인범이기 때문에 사형을 구형했습니다.

재판부도 비록 무기징역을 선고하기는 했지만, 사실상 가장 중한 형을 선고한다는 점을 설명하는 듯 "피해자와 사법부까지 조롱하는 듯한 태도는 피고인을 우리 사회로부터 영구적으로 격리하는 것만이 죄책에 합당한 처벌이라고 생각한다"라고 양형 이유를 설명하고, "피고인은 최소한의 후회나 죄책감도 없이 이미 인간으로서 존중받을 수 있는 범주를 벗어나, 추후 그 어떤 진심 어린 참회가 있어도 영원히 용서받을 수 없는 사람이라고 판단되어 가석방 없이 무기징역이 집행되어야 할 것"이라고 밝혔습니다.

가석방의 가능성

법원이 무기징역을 선고하면서 가석방이 없어야 한다고 언급해도, 이는 재판부의 의견을 피력한 것에 불과하고 법적인 구속력이 있는 것은 아닙니다. 피고인이 추후 반성하고 모범수로 수감생활을 한다면, 가석방이 될 가능성을 아예 배제할 수는 없습니다.

관련 법률에 의하면 무기징역을 선고받은 경우 수감 기간이 20년이 넘고, 범죄동기, 죄명, 재범의 위험성, 교정성적 등을 고려해 가석방을 할 수 있습니다. 무기징역이 선고되는 경우라면 대부분 살인죄를 범한 경우인데, 그러한 경우에도 실제로 최근 4년간 60명이 넘는 무기수가 가석방이 된 점을 고려하면, 향후 20년간의 수감생활의 양상에 따라 가석방이 될 가능성을 배제할 수 없습니다.

형법

제72조(가석방의 요건) ① 징역 또는 금고의 집행 중에 있는 자가 그 행상이 양호하여 개전의 정이 현저한 때에는 무기에 있어서는 20년, 유기에 있어서는 형기의 3분의 1을 경과한 후 행정처분으로 가석방을 할 수 있다.

형의 집행 및 수용자의 처우에 관한 법률

제121조(가석방 적격심사)
② 위원회는 수형자의 나이, 범죄동기, 죄명, 형기, 교정성적, 건강상태, 가석방 후의 생계능력, 생활환경, 재범의 위험성, 그 밖에 필요한 사정을 고려하여 가석방의 적격 여부를 결정한다.

더 나은 법을 위한 생각 나누기

우리나라는 1997년을 마지막으로 20년 넘게 사형을 집행하지 않아 '사실상의 사형폐지국가'로 분류됩니다. 그러나 최근 잔혹 범죄가 잇따르자 사형제 폐지를 반대하는 여론이 높아지고 있습니다. 정부도 사형제 폐지에 대해서 국민 여론과 법 감정, 국내외 여러 상황 등을 종합적으로 고려해야 한다고 하면서, 중장기적으로 검토해 나갈 필요가 있으나 현재로서는 사형제 폐지가 시기상조라는 입장을 취하고 있습니다. 극악무도한 범죄자에 대해서는 실제로 사형을 집행해야 할까요? 사형제도가 범죄예방이나 응징에 실제로 도움이 되는 제도라고 생각하시는지요?

외국에는 '가석방 없는 무기징역'을 도입한 나라들이 있습니다. 사형제도를 폐지하면서 악질 흉악범의 사회복귀를 영구 격리하기 위해 일체의 감형이나 가석방이 허용되지 않는 절대적 종신형을 신설한 프랑스 등이 대표적입니다. 특정 흉악범이 출소하면 어떻게 하냐는 우려의 목소리도 심심치 않게 들리는데, 우리나라도 이러한 제도를 마련할 필요가 있을까요?

사람은 안 변한다고들 말합니다만, 범죄자를 교정의 효과가 전혀 없는 사람, 즉 오랜 수감생활에도 반성하지 않고 바뀔 가능성이 전혀 없는 흉악범이라고 단정하는 것은 성급하지 않을까 하는 생각입니다. 가석방이 불가능한 무기징역을 별도로 신설하기보다는 가석방 심사를 엄격하게 해서 교화 가능성이 전무하고 죄질도 흉악한 피고인에 대해서는 가석방을 허용하지 않는 방식으로 이들을 사회적으로 격리할 수 있을 것입니다. 또 한편으로는 가석방이 된 사람이나 형기를 마친 흉악범이 다시 범죄를 저지르지 않도록 철저히 감시할 수 있는 방안이 마련되어야 합니다.

지연된 정의,
재심

사건의 많은 증거가 특정인을 향하고 있더라도,
'만의 하나'라는 경우를 배제할 수는 없습니다.
그래서 최종적인 판결을 받았다고 해도 일정한 경우
재심을 받을 수 있는 것이 대한민국 사법제도입니다.
재심은 억울한 사법 피해자를 구제하기 위한 제도입니다.
하지만 재심을 일반적으로 인정하게 되면, 피고인이 법원의 결정에
순응하지 않고 계속해서 재판을 신청할 수도 있습니다.
그렇게 되면 법적인 안정성이 크게 훼손됩니다.
따라서 재심은 매우 엄격한 기준에 따라 제한적으로만 허용됩니다.
그런데 만약 누군가가 자신이 '진범'임을 고백한다면 어떨까요?
마치 영화 같은 이야기가 실제 현실에서 벌어졌습니다.
수감 중인 이춘재가 자신이 화성 8차 연쇄살인 사건의
진범이라고 자백한 것입니다.

화성 8차 연쇄살인 사건에 대한 재심 신청

윤 모 씨는 화성 연쇄살인 사건 중 8차 사건을 저지른 범인으로 징역 20년을 선고받고 19년의 수감생활 후 가석방됐습니다. 그는 항소심 재판 당시 범행을 부인하고 경찰에 의해 자백을 강요받았다고 주장했지만, 재판부는 유죄를 선고했습니다.

그런데 다른 사건으로 수감 중인 이춘재가 자신이 8차 사건을 포함한 연쇄살인 사건의 진범이라는 주장을 하면서 과연 8차 사건의 진범이 누구인지 다시 논쟁거리가 됐습니다. 이에 윤 모 씨는 최근 무죄를 주장하며 법원에 재심을 청구했습니다.

재심 이유
'명백한' 증거의 '새로운' 발견

재심은 이미 판결이 확정된 사건을 다시 심리하는 절차이기 때문에 아주 예외적인 경우에만 허용합니다. 현재 우리나라는 3심제를 택하고 있지만, 재심 요건을 완화할 경우 4심, 5심, 6심을 거쳐야 할 수도 있기 때문에 다소 억울한 사람이 있더라도 법적 안정성을 고려해 엄격한 재심 이유를 정하고 있습니다.

재심 이유는 총 일곱 가지입니다. 가장 많이 주장이 되는 이유는 유죄를 선고받은 자가 무죄를 입증하거나 가벼운 죄를 인정할 명백한 증거가 새로 발견된 때입니다. 수사나 재판과정에서 피고인은 자신의 무죄를 주장하지만, 이미 구속이 된 상태에서는 방어권의 행사가 어려울 수 있습니다. 따라서 당시에는 증거를 확보하지 못했다가 추후 뒤늦게 확보한 경우 이를 이유로 재심을 청구하는 경우가 많습니다. 다만 재심 청구가 허용되려면 '명백한' 증거가 '새롭게' 발견되어야 합니다. 따라서 기존에 이미 재판부에 제시된 증거를 당시 재판부가 인정하지 않은 경우이거나, 새롭게 발견된 증거가 명백한 정도라고 볼 수 없으면 재심이 인정되지 않습니다.

화성 8차 사건의 윤 모 씨와 같이 "자백을 강요받았다"라는 주장은 과거 수사기관이 가혹행위를 한 사례가 다수 있었기 때문에 실제 그러한 가능성을 배제할 수 없을 것입니다. 다만, 수사기관이 단순히 자백하도록 강권했거나 폭력을 행사했다는 주장이나 증거를 제시하는 것으로는 부족하고, 해당 검사나 경찰이 그러한 자백 강요행위로 확정판결을 받아야 합니다. 따라서 실제로 강요된 허위 자백이라는 이유로 재심이 인정되기는 쉽지 않습니다. 재심을 판단하는 과정에서 자백 강요행위가 있었는지를 별도로 판단하기 어려운 현실적인 고려 때문입니다.

형사소송법

제420조(재심 이유) 재심은 다음 각 호의 1에 해당하는 이유가 있는 경우에 유죄의 확정판결에 대하여 그 선고를 받은 자의 이익을 위하여 청구할 수 있다.

5. 유죄의 선고를 받은 자에 대하여 무죄 또는 면소를, 형의 선고를 받은 자에 대하여 형의 면제 또는 원판결이 인정한 죄보다 경한 죄를 인정할 명백한 증거가 새로 발견된 때

7. 원판결, 전심판결 또는 그 판결의 기초된 조사에 관여한 법관, 공소의 제기 또는 그 공소의 기초된 수사에 관여한 검사나 사법경찰관이 그 직무에 관한 죄를 범한 것이 확정판결에 의하여 증명된 때 단, 원판결의 선고 전에 법관, 검사 또는 사법경찰관에 대하여 공소의 제기가 있는 경우에는 원판결의 법원이 그 사유를 알지 못한 때에 한한다.

재심에서 무죄 확정되면 국가가 보상

재심은 우선 재심사유가 있는지를 먼저 판단한 후 사유가 인정되면 다시 심리를 거쳐 판결을 선고합니다. 따라서 재심사유가 인정된다고 해도 바로 무죄가 되는 것은 아니고, 원판결과 같은 재판을 다시 받아야 합니다.

재심을 통해서 무죄를 선고받을 경우 원판결에 의해 구속된 기간에 대해 국가가 금전적인 보상을 합니다. 이를 형사보상이라고 하는데, 수사과정에서 구속됐다가 재판과정에서 무죄가 선고되어 석방되는 경우에도 구속된 기간에 대해 동일하게 금전적인 보상이 이뤄집니다.

물론 금전보상만으로 억울한 수감생활로 입은 피해를 회복할 수는 없습니다. 재심 이후 무죄 판결을 받은 자는 자신의 무죄를 널리 알리고 싶겠지만, 현실적으로는 법무부 인터넷 홈페이지에 무죄 재판서를 게시하는 것 외에는 특별한 피해 회복 수단이 없습니다.

금전보상은 구금 일수 1일당 보상청구의 원인이 발생한 연도의 최저임금액의 1내지 5배의 비율을 곱해서 산정합니다. 구체적인 비율은 수사기관 및 법원의 고의나 과실, 전체 구금 기간이나 구금으로 인한 이익 상실, 정신적 고통 등을 종합적으로 고려해서 법원이 결정하게 됩니다.

보상액은 수감 당시의 최저임금액이 아니라 보상원인이 발생한 연도, 즉 재심 판결이 내려진 시점의 최저임금액을 기준으로 산정합니다. 예를 들어 2020년에 재심이 결정된다면, 2020년 최저임금 일급

68,720원을 기준으로 19년의 수감생활에 대해 4억 7천여만 원이 최저임금액이 되고, 법원은 이 금액의 5배까지의 범위 내에서 정확한 보상액을 정하게 됩니다.

형사보상 및 명예회복에 관한 법률(약칭 : 형사보상법)

제2조(보상 요건) ①「형사소송법」에 따른 일반 절차 또는 재심(再審)이나 비상상고(非常上告) 절차에서 무죄재판을 받아 확정된 사건의 피고인이 미결구금(未決拘禁)을 당했을 때에는 이 법에 따라 국가에 대하여 그 구금에 대한 보상을 청구할 수 있다.
② 상소권회복에 의한 상소, 재심 또는 비상상고의 절차에서 무죄재판을 받아 확정된 사건의 피고인이 원판결(原判決)에 의하여 구금되거나 형 집행을 받았을 때에는 구금 또는 형의 집행에 대한 보상을 청구할 수 있다.
제5조(보상의 내용) ① 구금에 대한 보상을 할 때에는 그 구금일수(拘禁日數)에 따라 1일당 보상청구의 원인이 발생한 연도의「최저임금법」에 따른 일급(日給) 최저임금액 이상 대통령령으로 정하는 금액 이하의 비율(현행 시행령 제2조에 따르면 5배)에 의한 보상금을 지급한다.
제30조(무죄재판서 게재 청구) 무죄재판을 받아 확정된 사건(이하 "무죄재판 사건"이라 한다)의 피고인은 무죄재판이 확정된 때부터 3년 이내에 확정된 무죄재판 사건의 재판서(이하 "무죄재판서"라 한다)를 법무부 인터넷 홈페이지에 게재하도록 해당 사건을 기소한 검사가 소속된 지방검찰청(지방검찰청 지청을 포함한다)에 청구할 수 있다.

더 나은 법을 위한 생각 나누기

피고인의 구제도 중요하지만 확정된 판결의 효력을 무시할 수는 없기 때문에 재심을 무한정 인정할 수는 없습니다. 재심이 엄격한 요건하에 제한적으로만 인정되기 때문에 처음부터 수사 및 재판을 제대로 하는 것이 무엇보다 중요합니다. 이를 담보할 수 있는 제도적인 장치로는 어떤 것을 생각할 수 있을까요?
또 억울하게 수감생활을 한 기간에 대해서는 최저임금을 기준으로 보상금액을 산정하는데, 이러한 기준은 타당할까요? 사실 억울한 사법 피해자는 돈으로 산정할 수 없는 상처를 입게 마련입니다. 형사보상이나 무죄 판결서 게재 외에 달리 억울한 수감자의 피해를 회복할 수 있는 방법은 어떤 것이 있을까요?

법의 지배는 정의로운가?

지난 정권은 비선조직에 의한 통치가 문제가 됐습니다. 또한 정의의 보루인 사법부에서 벌어진 이른바 사법농단 사안은 우리 모두에게 큰 충격을 주었습니다. 이는 '법의 지배'를 이상으로 하는 법치주의에 역행하는 일입니다. 과연 법의 지배(Rule of Law)는 무엇이고, 법의 지배는 반드시 정의를 보장할까요?

법의 지배는 '사람의 지배'에 반대되는 개념입니다. 근대 민주국가 이전 중세 사회에서는 사람에 의한 지배였지만, 민주국가 이후에서는 의회가 제정한 법에 의한 지배가 나타나기 시작했습니다. 유사한 개념으로 법에 의한 통치를 의미하는 법치주의가 있습니다.

히틀러가 한 행위도 적법했다?

형식적 법치주의는 의회가 적법한 절차를 거쳐 제정한 법률이라면, 그 목적이나 내용은 무관하다는 형식적인 통치원리입니다. 예를 들어 과거 독일 히틀러 나치스정권의 '제국시민법(유대인의 독일 시민권 박탈)', '독일 혈통 및 명예보전법(유대인과 독일계 혈통 간의 결혼 금지)'과 같이 의회가 제정한 법률이 오히려 독재의 합법화 수단이 될 우려가 있습니다. 이에 관해 마틴 루터킹 목사는 "히틀러가 독일에서 한 행위들은 모두 적법했다는 것을 잊지 마라(Never forget that everything Hitler did in Germany was legal)"라고 강조했습니다. 이와 달리 실질적 법치주의는 제2차 세계대전 후 절차의 합법성과 더불어 내용의 정당성에도 초점을 두게 됐고, 기본권 보장, 위헌법률심사, 헌법소원 제도가 그 일환으로 도입됐습니다.

법의 지배는 국민의 기본권 보장, 법에 의해 통제받는 행정 등 내용 면에서의 정당성을 추구하기 때문에 실질적 법치주의와 유사하고, 원칙적으로 형식적 법치주의와 달리 법의 지배는 정의롭다고 말할 수 있습니다. 물론, 정의가 무엇인지에 대해 견해가 다를 수 있지만, 여기서는 간략하게 '다수가 옳다고 믿는 가치'라고 정의하고 논의를 계속하겠습니다.

법의 지배가 나오게 된 배경도 참고로 설명하면, 엘리트주의를 신봉한 플라톤이 우매한 대중에 의한 민주주의를 경계하는 차원에서 "법을 따르라"는 취지로 법의 지배를 주장했습니다. 우리의 상식과 달리 당시에는 민주주의에 대한 제약으로서의 법치가 언급된 것입니다.

한편, 영국에서는 법의 지배가 왕권의 자의적인 권력 행사를 막기 위한 귀족의 대응 논리로 발달했습니다. 과거 영국에서는 '왕권신수설'이 광범위하게 받아들여졌습니다. 이는 '지상에서 왕은 신권과 같은 권력을 부여받았다'라는 주장입니다. 하지만 17세기 영국의 식민지 시대의 사업가이자 판사, 정치인인 에드워드 코크(Edward Coke)는 "국왕이라고 할지라도 신과 법 밑에 있다(The King himself should be under no man, but under God and the Law)"라며 왕권신수설에 반대하면서 법의 지배를 주장했습니다.

정의와 법의 간극을 줄이는 정치인의 역할

법의 지배에서는 법의 내용, 즉 '어떤 법'인지가 중요합니다. 단순히 형식적인, 절차적 합리성만이 아니라, 실질적 법의 지배, 정의 또는 도덕적 원리들, 즉 결과(내용)의 정당성이 필요합니다.

'어떤 법'을 만들지, 즉 법을 제정해 어떠한 목적을 추구하고, 해당 목적을 달성하기 위한 여러 가지 수단 중 무엇을 선택할 것인지는 입법권자의 결단입니다. 입법권자의 사상, 신념, 가치관이 법률의 형태로 발현하는 데 반해 행정부, 사법부는 이미 제정된 법률에 따라 그 기능을 수행합니다. 즉 행정부는 법을 위반하지 않는 범위 내에서 재량권 행사가 가능하고, 사법부는 법률 조항의 해석을 통해 가치를 투영하게 됩니다.

이와 같이 법은 가치의 투영체이고, 추구하는 가치가 다르기 때문에 실정법이 나의 가치와 다를 수 있습니다. 그럼에도 '적법'의 문제와 '정의'의 문제를 구별하지 않는 경향이 있습니다. 그러나 과연 '법을 준수했으니 정의를 지켰다'고 할 수 있을까요? 내가 추구하는 정의에 반하는 법이 존재하기 때문에 단순히 실정법을 준수하는 것만으로 정의를 구현했다고 할 수는 없습니다. 즉, 법의 지배가 항상 모두에게 정의로운 것은 아닙니다. 따라서 정의로운 법을 만들어 '법의 준수가 곧 정의 실현'이 될 수 있도록 하는 것이 중요하고, 정치인은 그렇게 정의와 법의 간극을 줄이는 역할을 해내야 합니다.

본 책의 내용에 대해 의견이나 질문이 있으면
전화 (02)333-3577, 이메일 dodreamedia@naver.com을 이용해주십시오.
의견을 적극 수렴하겠습니다.

더 나은 세상을 만드는 법

김한규의 특별한 뉴스 브리핑

제1판 1쇄 | 2020년 1월 10일

지은이 | 김한규
펴낸이 | 한경준
펴낸곳 | 한국경제신문*i*
기획제작 | (주)두드림미디어
책임편집 | 배성분

주소 | 서울특별시 중구 청파로 463
기획출판팀 | 02-333-3577
영업마케팅팀 | 02-3604-595, 583 FAX | 02-3604-599
E-mail | dodreamedia@naver.com
등록 | 제 2-315(1967. 5. 15)

ISBN 978-89-475-4555-6 03300

책값은 뒤표지에 있습니다.
잘못 만들어진 책은 구입처에서 바꿔드립니다.